KEUNGGULAN
KITA YANG
TIDAK ADIL

LEPASKAN KUASA
ROH KUDUS DALAM BISNIS ANDA

Pujian untuk KEUNGGULAN KITA YANG TIDAK ADIL

"Hidup dan karier Anda akan mengalami perubahan besar saat menerapkan ajaran Dr. Jim tentang bagaimana bekerja dengan Roh Kudus sebagai Keunggulan yang Tidak Adil."

—L. Heyne
California, AS

"Anda telah membuka jalan bagi banyak dari kami untuk mengalami kuasa Roh yang berdiam di dalam dan menjalani misi bisnis dengan sepenuh hati."

—S. Hearty
Emerald Isle, Irlandia

"Saya belum pernah menemukan buku tentang Roh Kudus yang begitu membantu dan praktis seperti ini. Saya sudah merasakan dampak dari buku ini. Saya pasti akan merekomendasikan buku ini ke banyak orang. Terima kasih telah menuliskan pesan yang begitu dibutuhkan ini. Terima kasih!"

—A. Heal
Australia

"Wawasan Anda telah mempercepat pertumbuhan bisnis saya dan membawa dampak lebih besar bagi orang-orang yang saya layani — membawa kepuasan baik secara pribadi maupun profesional. Saya menghargai bagaimana Anda menyampaikan hal-hal dengan sederhana namun tetap mendalam."

—M. Tsolo
Africa

"Sebagai seorang pengacara, saya menerapkan prinsip-prinsip dalam buku Keunggulan Kita Yang Tidak Adil setiap pagi sebelum berangkat kerja. Baru-baru ini, saya menerapkan isi buku ini dalam sebuah kasus di pengadilan, dan saya menyaksikan tanda-tanda serta mukjizat terjadi di ruang konferensi antara ruang sidang dan kantor jaksa. Sekarang, saya merekomendasikan buku Anda kepada semua orang yang saya temui di tempat kerja."

—S. WILLIAMS
Arizona, AS

"Buku ini adalah sebuah harta berharga. Ditulis dengan baik, berlandaskan firman Tuhan, dan mudah dipahami. Latihan-latihan serta pertanyaan untuk diskusi kelompok di dalamnya sangat bermanfaat."

—C. LUTZ
Zurich, Switzerland

"Keunggulan Kita Yang Tidak Adil menghadirkan kebangkitan inovatif dari sebuah kebenaran yang tak tergoyahkan—hidup dipimpin oleh Roh."

—S. SATTERFIELD
Georgia, AS

"Dalam buku yang luar biasa ini, Dr. Jim mengajarkan kepada kita bahwa Tuhan menawarkan kepada orang-orang Kristen di marketplace lebih dari sekadar buku peraturan berisi prinsip-prinsip bisnis yang tak lekang oleh waktu. Ia telah membantu saya untuk lebih menyerahkan kendali bisnis kepada Roh Kudus, Keunggulan Kita Yang Tidak Adil, dalam dunia marketplace."

—D. SHEARER
North Carolina, AS

KEUNGGULAN
KITA YANG
TIDAK ADIL

LEPASKAN KUASA
ROH KUDUS DALAM BISNIS ANDA

DR. JIM HARRIS

HIGH BRIDGE
BOOKS & MEDIA

Keunggulan Kita Yang Tidak Adil:
Melepaskan Kuasa Roh Kudus dalam Bisnis Anda
oleh Dr. Jim Harris

Dicetak di Amerika Serikat
ISBN: 978-1-962802-36-9
© 2015 & 2025 oleh Dr. Jim Harris

Judul-judul buku terbitan High Bridge Books dapat dibeli dalam jumlah besar untuk keperluan pendidikan, bisnis, penggalangan dana, atau promosi penjualan. Untuk informasi lebih lanjut, silakan hubungi High Bridge Books melalui www.HighBridgeBooks.com/contact.

Desain sampul oleh High Bridge Books

Diterbitkan di Houston, Texas, oleh High Bridge Books

DAFTAR ISI

Ucapan Terima Kasih

PERTAMA DAN TERUTAMA, SAYA MENGUCAP SYUKUR kepada Tuhan, juru selamat saya, Jesus, dan Roh Kudus yang telah membimbing saya dalam penulisan buku ini. Satu-satunya keinginan saya adalah mencatat firman-Mu dengan setia dan menjadi pena-Mu. Kiranya buku ini berkenan di hadapan-Mu.

Kepada istri saya sekaligus pasangan seumur hidup, Brenda, yang telah bertumbuh menjadi seorang pejuang rohani yang tak terhentikan. Tanpa dirimu dan dukunganmu yang tiada henti, saya tidak akan dapat menjalankan panggilan Tuhan dalam hidup saya. Saya dengan bangga akan menggenggam tanganmu hingga ke surga!

Ucapan terima kasih khusus kepada sahabat sekaligus saudara rohani saya, Kyle Winkler, yang dengan ketenangan hati, pengetahuan yang mendalam, dan kesaksian yang konsisten telah membimbing, mengajarkan, dan menguatkan saya selama bertahun-tahun.

Saya juga ingin memberikan penghormatan kepada para pendeta Arnie McCall, Buford Lipscomb, serta Rick dan Jennifer Curry atas bimbingan serta pendampingan rohani mereka, baik dalam menghadapi ujian berat, pertumbuhan rohani yang dipercepat, maupun pengalaman-pengalaman luar biasa bersama Roh Kudus.

Terima kasih juga kepada mentor-mentor rohani saya sekaligus saudara-saudara terdekat dalam Kristus—Ben Watts, Tony Chavez, dan Steve Jones.

Saya sangat berterima kasih kepada Darren Shearer dari High Bridge Books atas keahliannya dalam penyuntingan, penerbitan, dan pemasaran buku ini. Anda memang yang terbaik!

Terakhir, ucapan terima kasih yang sangat istimewa saya sampaikan kepada Pendeta Keith Moore dari Faith Life Church yang berlokasi di Branson, Missouri, dan Sarasota, Florida. Dalam waktu hanya dua tahun, seri khotbah dan pelayanan Word Life Supply yang Anda sampaikan telah membawa pertumbuhan iman saya secara luar biasa—melampaui segala sesuatu yang saya pelajari dalam 60 tahun sebelumnya di gereja. Sebagian besar isi buku ini diwahyukan kepada saya melalui penerapan ajaran Anda. Saya selamanya bersyukur kepada Anda dan pelayanan Anda.

Bagi mereka yang sungguh rindu
memuliakan Tuhan melalui bisnis mereka.

PENDAHULUAN

JIKA ANDA BEKERJA DI PERUSAHAAN YANG BERORIENTASI profit dan dipimpin oleh orang-orang yang berkeinginan untuk memuliakan Tuhan melalui bisnis mereka, maka buku ini ditulis untuk Anda!

Target audiens untuk buku ini adalah apa yang saya sebut sebagai 2%. Seorang 2% adalah seorang percaya yang dipimpin oleh Roh Kudus dalam bisnis, pria atau wanita mana pun yang benar-benar ingin dipimpin oleh Roh Tuhan dalam segala yang mereka lakukan dalam bisnis.

Sebagai bagian dari 2%, Anda memiliki keunggulan kompetitif yang luar biasa, tak terbatas, dan mendebarkan di pasar Anda — sesuatu yang kemungkinan besar belum Anda manfaatkan sepenuhnya hingga sekarang. Saya di sini untuk membantu Anda mengoptimalkannya.

Tujuan buku ini adalah membantu Anda mengungkap dan mengaktifkan keunggulan kompetitif yang tidak adil dalam bisnis demi kemuliaan Tuhan!

Musisi Keith Green pernah berkata:

> Jika seseorang menulis sebuah kisah hebat, orang-orang akan memuji sang penulis, bukan penanya. Tidak ada yang berkata, 'Wah, pena yang luar biasa… di mana saya bisa mendapat pena seperti ini agar bisa menulis kisah hebat?' Saya hanyalah sebuah pena di tangan Tuhan. Dialah Sang Penulis. Segala pujian hanya bagi-Nya.

Sama seperti Keith, saya hanyalah sebuah pena.

Apa pun dampak buku ini dalam hidup Anda, kembalikan segala pujian dan kemuliaan hanya kepada Tuhan!

—Dr. Jim

1

APA YANG MEMIMPIN ANDA?

Tetapi jika kamu anggap tidak baik untuk beribadah kepada TUHAN, pilihlah pada hari ini kepada siapa kamu akan beribadah; Allah yang kepadanya nenek moyangmu beribadah di seberang sungai Efrat, atau allah orang Amori yang negerinya kamu diami ini. Tetapi aku dan seisi rumahku, kami akan beribadah kepada TUHAN.

—Yosua 24:15

SETIAP ORANG DIPIMPIN OLEH SESUATU. ANDA SADARI atau tidak, saat ini—sekarang juga—ada sesuatu yang memimpin Anda.

Ada sesuatu yang berada di kemudi hidup Anda, menentukan arah perjalanan, menetapkan tujuan, dan pada akhirnya membentuk kehidupan Anda.

Saat masih kecil, orang tua atau wali Anda mungkin adalah sosok yang memberi makan, menyediakan tempat tinggal dan pakaian, serta mengajarkan apa yang dianggap benar dan diharapkan dari Anda. Mereka melindungi, membesarkan, bahkan terkadang memanjakan Anda. Di masa-masa awal kehidupan, mereka adalah pemimpin utama yang membimbing Anda.

Saat mulai bersekolah, Anda menyadari bahwa semakin banyak pihak yang turut mengarahkan. Anda harus mempelajari banyak hal baru, terkadang di luar zona nyaman, termasuk cara berinteraksi dengan orang lain di luar keluarga dan lingkungan terdekat.

Pengaruh dari luar terus bertambah seiring Anda memasuki sekolah menengah dan mungkin perguruan tinggi. Berbagai suara membimbing, memberi sinyal berbeda, serta menekan dengan cara yang beragam untuk memengaruhi perilaku Anda.

Tanpa terasa, Anda memasuki apa yang disebut sebagai "dunia nyata," di mana banyak pihak berusaha mengarahkan Anda—mulai dari atasan, tunangan, pasangan hidup, pelanggan, hingga pemasar, dan lainnya.

Intinya, Anda dan saya selalu berada di bawah suatu pengaruh. Apa pun yang Anda pilih untuk membimbing langkah Anda akan membawa dampak besar—bahkan mungkin permanen—terhadap hidup, termasuk perjalanan bisnis Anda.

Sebagai pemilik buku ini, Anda kemungkinan besar adalah seorang pemimpin dalam bisnis. Baik sudah di puncak, berada di tengah, atau baru memulai, peran Anda tetap berpengaruh bagi orang lain. Karena itu, Anda memiliki potensi besar untuk memberikan dampak melalui kepemimpinan.

APA YANG SEBENARNYA DILAKUKAN SEORANG PEMIMPIN?

Pada saat edisi pertama buku ini diterbitkan (17 Juni 2015), Amazon.com mencatat …

- 4.303.934 hasil pencarian untuk "buku bisnis"

- 178.180 hasil pencarian untuk "buku kepemimpinan"

- 25.511 hasil pencarian untuk "kepemimpinan bisnis"
- 744 buku baru dalam 90 hari terakhir dan 180 buku yang segera terbit

Saya jamin, sebagian besar buku ini—98% atau lebih—menyajikan lima, tujuh, sepuluh, atau bahkan dua puluh satu kualitas, keterampilan, atau kompetensi penting tentang bagaimana seorang pemimpin seharusnya membimbing timnya. Mereka mengungkapkan rahasia dan praktik terbaik yang bisa Anda terapkan untuk menjadi pemimpin seperti mereka.

Selama 30 tahun terakhir, saya telah membaca ribuan buku dan artikel tentang kepemimpinan. Saat menelusuri perpustakaan untuk menemukan yang terbaik, saya merenungkan isi dan poin-poin utamanya. Namun, banyak di antaranya terdengar dan terlihat serupa. Sebagian besar memuat gagasan serta konsep yang sama, hanya disampaikan dengan cara yang sedikit berbeda.

Perlukah saya menyebutkan jumlah blog, tweet, dan postingan harian yang membahas apa yang dilakukan seorang pemimpin hebat? Sepertinya saya sudah melakukannya.

Kita dibanjiri berbagai pendapat, pemikiran, dan pernyataan tentang cara menjadi pemimpin yang dibutuhkan di era ini.

Karya-karya ini, yang sering menarik dan terkadang mendalam, berfokus pada satu pertanyaan utama: Apa yang sebenarnya dilakukan seorang pemimpin?

Itu bukan pertanyaan yang tepat. Apa yang dilakukan seorang pemimpin—termasuk perilaku, cara berkomunikasi, dan kemampuan mengambil keputusan—bukanlah hal terpenting yang perlu Anda ketahui. Ada pertanyaan yang jauh lebih mendalam dan diperlukan, tetapi tidak ada seorang pun yang menanyakannya.

PERTANYAAN YANG TEPAT

Saat menelusuri berbagai tulisan dan ajaran tentang kepemimpinan, saya tidak menemukan satu pun yang secara langsung membahas pertanyaan yang tepat.

Jawaban atas pertanyaan yang tepat pada akhirnya menentukan bukan hanya masa depan pemimpin itu sendiri, tetapi juga nasib semua orang yang dipimpinnya.Pertanyaan yang benar: Apa yang memimpin pemimpin?

Mari kita buat ini lebih pribadi. Pernahkah Anda…

- Pernahkah Anda merenungkan apa yang membentuk diri Anda sebagai pemimpin saat ini?
- Berhenti sejenak untuk mengevaluasi apa yang benar-benar menjadi pegangan dalam kepemimpinan Anda?
- Meluangkan waktu untuk memahami apa yang sebenarnya membimbing Anda dalam menjalankan bisnis?

Apa yang membimbing Anda pada akhirnya akan tercermin dalam cara Anda memimpin dan menjalankan bisnis. Itu juga menjadi dasar utama bagi kemampuan Anda untuk bekerja, meraih kesuksesan, dan meninggalkan warisan.

Tanpa bermaksud berlebihan atau menciptakan kekhawatiran yang tidak perlu, Anda perlu bertanya dan menentukan: Apa yang sebenarnya membimbing Anda? Hanya dengan memahami hal ini, Anda dapat memutuskan apakah akan tetap di jalur yang sama atau beralih ke dasar kepemimpinan yang mungkin lebih bermakna dan mendalam.

Sebelum saya meminta Anda untuk mengambil langkah kepemimpinan yang mungkin radikal dan mengubah hidup, mari kita lihat beberapa cara paling umum bagaimana para pemimpin dipimpin.

1.1. SEMBILAN CARA UMUM PEMIMPIN BISNIS DIPIMPIN

Akan mudah untuk mencantumkan 100 atau lebih cara para pemimpin bisnis dipimpin, tetapi biasanya mereka termasuk dalam salah satu kategori berikut.

Inilah yang saya sebut sebagai daftar "Apa yang Memimpin Anda"—kumpulan tipe pemimpin berdasarkan pengamatan saya selama lebih dari 30 tahun di dunia bisnis.

Catatan: Saat menulis buku ini, saya meminta pembaca blog saya untuk membagikan ungkapan yang pernah mereka dengar dari para pemimpin yang mewakili setiap kategori. Saya hanya menyertakan beberapa di antaranya. Sebagai apresiasi, setiap komentator akan menerima satu eksemplar buku ini secara gratis. Lihat sendiri... berlangganan buletin saya dan bekerja sama dengan saya di www.DrJimHarris.com memang memberikan manfaat.

1: DIPIMPIN OLEH PEMIKIRAN

Pemimpin yang dipimpin oleh pemikiran menggunakan otak mereka untuk menganalisis segala sesuatu. Mereka mencari lebih banyak pengetahuan, informasi, laporan, dan analisis. Mereka mengandalkan logika dan spreadsheet untuk mengambil keputusan akhir. Pemimpin yang dipimpin oleh pemikiran sering kali terlalu bergantung pada kemampuan mereka dalam menganalisis dan berpikir kritis sebagai gaya utama mereka.

Pemimpin bisnis yang dipimpin oleh pemikiran mengatakan hal-hal seperti...

- "Itu ide bagus. Mari kita jalankan."
- "Coba kita buat satu laporan lagi."
- "Angka tidak pernah bohong. Apa kata datanya?"

- "Kenapa saya tidak kepikiran itu?"

- "Saya suka cara Anda berpikir."

- "Tunjukkan angkanya. Kita mengambil keputusan berdasarkan data, bukan dugaan." *(Curt Fowler, komentator blog)*

2: DIPIMPIN OLEH UANG

Pemimpin yang dikendalikan oleh uang selalu memikirkan seberapa besar keuntungan yang bisa didapat atau kerugian yang mungkin terjadi. Pasar keuangan global sepenuhnya bergerak berdasarkan faktor ini. Dalam bisnis yang berorientasi pada profit, memperoleh pendapatan tentu menjadi hal yang penting. Namun, ketika arus kas, laba, dan margin menjadi pertimbangan utama dalam hampir setiap keputusan, itulah tanda seorang pemimpin yang sepenuhnya digerakkan oleh uang.

Pemimpin bisnis yang dipimpin oleh uang mengatakan hal-hal seperti…

- "Kita bisa menghasilkan banyak uang dari ini."

- "Saya suka margin keuntungannya."

- "Bagaimana kita bisa memangkas lebih banyak biaya?"

- "Saya tidak peduli dengan kualitas pendapatan. Angka tetaplah angka, dan saya ingin meningkatkan milik saya." *(Sidney Bostian, komentator blog)*

3: DIPIMPIN OLEH INOVASI

Pemimpin yang digerakkan oleh inovasi selalu mencari teknologi, platform digital, atau ide kreatif terbaru untuk mengembangkan bisnis. Mereka mudah terpikat oleh pembaruan, aplikasi, perangkat lunak, situs web, strategi pemasaran, atau konsep unik. Meskipun inovasi penting dalam mempertahankan keberlanjutan bisnis, pemimpin seperti ini sering kali terobsesi dengan segala sesuatu yang dianggap sebagai "tren baru."

Pemimpin bisnis yang dipimpin oleh inovasi mengatakan hal-hal seperti…

- "Apa yang akan dilakukan Elon Musk?"

- "Kita harus segera upgrade, kalau tidak kita akan kehilangan pangsa pasar, loyalitas pelanggan, dan…!"

- "Inovasi atau mati!"

- "Kadang-kadang, kita harus memandu pelanggan ke arah yang mereka butuhkan."

- "Ini akan keren banget!"

- "Apa yang baru dan menarik dari ini?" (Jason Pyne, komentator blog)

4: DIPIMPIN OLEH PELUANG

Pemimpin yang digerakkan oleh peluang selalu bersemangat mengejar setiap kesempatan yang terbuka di hadapan mereka. Fokus mereka tertuju pada terobosan besar berikutnya, kemitraan strategis, atau peluang bisnis tak terduga yang berpotensi membawa usaha mereka ke level yang lebih tinggi.

Pemimpin bisnis yang dipimpin oleh peluang mengatakan hal-hal seperti…

- "Kita harus memanfaatkan kesempatan ini selagi ada."

- "Kita tidak boleh melewatkan peluang yang berharga ini."

- "Lihat! Kesempatan ini terbuka lebar! Ayo bergerak!"

- "Memang peluang ini agak di luar visi perusahaan, tapi saya yakin hasilnya akan sepadan dengan usaha kita." (Curt Fowler, komentator blog)

- "Semakin banyak yang kita coba, semakin besar kemungkinan berhasil." (Sharon Kendrew, komentator blog)

- "Saya yakin jika saya segera mengambil peluang ini… semuanya akan berjalan sesuai rencana!" (Jesus Estrada, komentator blog)

5: DIPIMPIN OLEH HARGA

Pemimpin yang dipimpin oleh harga memiliki kemiripan dengan pemimpin yang berorientasi pada uang, tetapi dengan perbedaan kecil. Alih-alih berfokus pada seberapa besar keuntungan yang dapat diperoleh, mereka justru mencari cara untuk mengeluarkan biaya sekecil mungkin, selalu mengejar harga terendah.

Pemimpin bisnis yang dipimpin oleh harga mengatakan hal-hal seperti…

- "Kita harus benar-benar menghitung dengan cermat untuk ini."

- "Ini pilihan terbaik karena harganya paling murah." (Darren Shearer, komentator blog)

- "Yang penting ada penjualan, itu sudah bagus." (Aric Johnson, komentator blog)

- "Semua bisa dinegosiasikan." (Howard Drake, komentator blog)

- "Kita mau yang murah tapi tetap berkualitas!" (Angeline Teoh, komentator blog)

6: DIPIMPIN OLEH AHLI

Pemimpin yang dipimpin oleh ahli mudah terpengaruh oleh tren kepemimpinan atau manajemen terbaru, selalu mencari gagasan baru dari pembicara, penulis, atau penasihat. Mereka sering kali menerapkan konsep bisnis yang dianggap "hebat" dengan cepat tanpa benar-benar menilai bagaimana—atau bahkan apakah—konsep tersebut seharusnya diterapkan dalam bisnis mereka.

Bagian ini agak menyentil bagi saya karena pekerjaan saya melibatkan berbicara, menulis, dan membimbing para profesional bisnis di seluruh dunia. Namun, saya TIDAK ingin mitra bisnis saya menjadi "dipimpin oleh ahli," bahkan jika itu saya sendiri!

Pemimpin yang dipimpin oleh ahli mengatakan hal-hal seperti...

- "Majalah bisnis menampilkan artikel utama yang mengatakan kita harus..."

- "Ide dari konferensi bisnis ini luar biasa... Mari kita terapkan segera!"

- "Para pesaing kita membaca buku terbaru ini. Ini salinan untukmu. Kita harus mengikuti mereka."

- "Seluruh industri sudah menerapkan ini."

- "Cari ahli terbaik di bidang ini dan undang dia ke sini."

- "Menurut [sebut nama ahli bisnis], bukankah kita juga seharusnya melakukan ini?" (Jason Pyne, komentator blog)

7: DIPIMPIN OLEH TEKANAN

Pemimpin yang dipimpin oleh tekanan mengklaim bahwa mereka bekerja lebih baik dalam situasi darurat atau krisis. Bahkan ketika pekerjaan berjalan dengan baik, mereka ingin menciptakan kondisi krisis yang tidak perlu untuk menekan semua orang agar bekerja lebih banyak dan lebih keras. Pemimpin yang dipimpin oleh tekanan secara tidak sengaja menempatkan tekanan yang tidak perlu dan tidak relevan pada orang lain.

Pemimpin bisnis yang dipimpin oleh tekanan mengatakan hal-hal seperti…

- "Kita harus menyelesaikan ini SEKARANG! Tidak ada alasan!"

- "Waktu adalah uang, kita tidak bisa membuang-buang waktu lagi."

- "Kegagalan bukanlah pilihan."

- "Saya tidak peduli bagaimana caranya, pokoknya ini harus selesai sekarang juga!" *(Jason Pyne, komentator blog)*

- "Injak gas sampai mentok!" (Robins Duncan, komentator blog)

- "Kita harus fokus dan menyelesaikannya. Tidur bisa nanti." (Aric Johnson, komentator blog)

8: DIPIMPIN OLEH PERASAAN

Pemimpin yang dipimpin oleh perasaan selalu mempertimbangkan emosi mereka sebelum mengambil keputusan. Mereka mudah terpengaruh, bahkan terkadang kewalahan, oleh ketakutan, kecemasan, antusiasme, kenyamanan, atau rasa aman dalam bisnis. Namun, itu tidak berarti mereka lemah—hanya saja, terkadang mereka membiarkan emosi mengesampingkan keahlian dan kebijaksanaan dalam berbisnis.

Para pemimpin yang dipimpin oleh perasaan sering mengatakan hal-hal seperti…

- "Saya merasa takut dengan ini."

- "Hati saya tidak ada di sini."

- "Ini akan menyakitkan."

- "Wow, saya belum pernah merasa begitu bersemangat tentang sesuatu seperti ini."

- "Ini benar-benar membuat saya bahagia!"

- "Lebih baik hati-hati daripada menyesal!" *(Robins Duncan, komentator blog)*

9: Dipimpin Oleh Keangkuhan

Pemimpin yang dipimpin oleh keangkuhan menganggap diri mereka dan perusahaan mereka istimewa, berbeda, dan unik. Mereka melihat segala yang mereka lakukan dengan sangat serius. Sering kali, mereka begitu yakin akan kebenaran pandangan mereka hingga enggan mengakui kesalahan atau mengalah—bahkan ketika mereka salah.

Pemimpin bisnis yang dipimpin oleh keangkuhan sering mengatakan hal-hal seperti…

- "Kami tidak perlu melakukan itu. Kami berbeda."

- "Mereka boleh mencoba itu. Kami tidak perlu."

- "Kami tahu apa yang terjadi di lapangan. Anda tetap di sini saja dan terus bekerja."

- "Ikuti cara kami saja."

- "Pokoknya cara saya atau tidak sama sekali." *(Howard Drake, komentator blog)*

CEK KEJUJURAN

Saat Anda membaca ini, saya yakin Anda dengan cepat mengenali orang lain yang sesuai dengan satu atau lebih dari tipe-tipe ini. Namun, pertanyaan yang lebih penting adalah, "Di mana Anda melihat diri Anda?"

Berikut adalah tugas pertama Anda dalam buku ini. Beri tanda centang pada kotak yang dapat menggambarkan apa yang memimpin Anda.

- ☐ Dipimpin oleh Pemikiran
- ☐ Dipimpin oleh Uang
- ☐ Dipimpin oleh Inovasi
- ☐ Dipimpin oleh Peluang
- ☐ Dipimpin oleh Harga
- ☐ Dipimpin oleh Ahli
- ☐ Dipimpin oleh Tekanan
- ☐ Dipimpin oleh Perasaan
- ☐ Dipimpin oleh Keangkuhan

1.2. REALITAS YANG MENAKUTKAN

Di suatu titik, satu atau lebih hal dalam daftar "Apa yang Memimpin Anda" pernah memengaruhi kita. Sejujurnya, sebagian besar dari kita hampir selalu dipengaruhi oleh beberapa di antaranya sekaligus.

Sekarang, tolong pertimbangkan ini.

Sembilan kategori dalam daftar "Apa yang Memimpin Anda" mencerminkan cara lebih dari 95% perusahaan berorientasi keuntungan di seluruh dunia dijalankan.

Jangan melewati ini terlalu cepat. Luangkan sedikit waktu lagi dan renungkan pernyataan ini.

Kesembilan kategori ini menunjukkan bagaimana sebagian besar bisnis di seluruh dunia dijalankan—termasuk yang dipimpin oleh pemimpin yang mengaku sebagai orang Kristen dalam dunia usaha.

Singkatnya, pemimpin bisnis saat ini dipimpin oleh "Apa." Bagi mereka, segalanya berkisar pada ide, uang, peluang, inovasi, harga, serta pemikiran para ahli. Faktor-faktor inilah yang mendasari keputusan, strategi, dan pencapaian mereka dalam dunia bisnis.

Sayangnya, sebagian besar dari kita sebagai 2% (orang percaya yang dipimpin oleh Roh Kudus dalam bisnis) tidak ada bedanya!

Kita sangat mungkin dipimpin oleh hal-hal yang sama persis seperti para pesaing kita yang sekuler dan tidak percaya. Mengapa?

Cara-cara bisnis dunia begitu merajalela, meluas, dan berpengaruh sehingga hampir mustahil untuk tidak dipimpin olehnya.

Kita memiliki akses yang sama terhadap semua ide bisnis, buku, analisis, dan informasi pasar yang dikendalikan oleh sistem dunia, sama seperti para pesaing kita. Oleh karena itu, kita sama rentannya seperti mereka dalam menyerah pada godaan besar untuk memimpin perusahaan kita dengan cara yang sama persis.

Sekarang, inilah realitas yang menakutkan.

Jika Anda dipimpin oleh cara-cara dunia bisnis, Anda tidak memiliki keunggulan kompetitif atas pesaing Anda!

Jika Anda hanya mengandalkan sembilan cara yang telah saya sebutkan di atas, Anda melewatkan satu hal yang dapat melepaskan keunggulan Anda yang tidak adil dalam bisnis.

Saya bisa mendengar Anda bertanya, "Jadi, Dr. Jim... apakah Anda mengatakan bahwa saya tidak seharusnya menggunakan akal saya, melihat peluang, atau memikirkan aspek keuangan dari pekerjaan saya? Apakah itu yang Anda maksud?"

Tidak, tidak, tidak, tidak! Sekali lagi... tidak!

Tuhan memberi Anda otak dan akal yang sehat. Dia memberikannya kepada Anda agar Anda bisa bernalar, berpikir, merencanakan, dan berkembang. Dia memberi Anda perasaan untuk membangun kepekaan terhadap orang lain. Dia mengharapkan Anda untuk menggunakannya.

Saya menantang Anda untuk berani melakukan perubahan besar—beralih menuju pelepasan penuh keunggulan kompetitif Anda yang tak tertandingi dalam bisnis.

Mengapa perubahan ini "tidak adil"? Mengapa ini merupakan keunggulan kompetitif yang unik?

Karena perubahan ini didasarkan hanya pada satu hal: dari Anda yang dipimpin oleh Apa...

> Janganlah menyerah pada pesona dunia ini dan segala yang disajikannya. Siapa pun yang mencintai dunia tidak dapat mencintai Allah Bapa. Dunia dipenuhi dengan keinginan-keinginan egois, hasrat untuk semua yang menarik hati dan kesombongan dengan prestasi yang dicapai dan kekayaan yang dimiliki. Itu semua tidak berasal dari Allah, melainkan dari dunia yang jahat ini. (1 Yohanes 2:15-16)

...menjadi dipimpin oleh Siapa!

> Semua orang, yang dipimpin Roh Allah, adalah anak Allah. (Roma 8;14)

PANDUAN STUDI BAB 1

Apa tiga cara utama yang paling sering memimpin Anda dalam bisnis?

1.

2.

3.

Pernahkah Anda memikirkan untuk dipimpin oleh Roh Kudus dalam bisnis sebagai "keunggulan kompetitif yang tidak adil"? Mengapa ini bisa menjadi keunggulan besar bagi Anda dan bisnis Anda?

Berdoalah tentang daftar Anda dan mintalah Tuhan untuk membantu Anda mengenali kapan Anda mulai dipimpin oleh hal lain selain Roh Kudus-Nya.

2

PERUBAHAN BESAR

Aku juga akan meminta kepada Bapa supaya Dia memberikan Penolong yang lain untuk menyertai dan menolong kalian sampai selama-lamanya. Penolong itu adalah Roh Kebenaran yang akan mengajarkan hal-hal yang benar kepada kalian. Orang-orang duniawi tidak bisa menerima Dia, sebab mereka tidak melihat dan tidak mengenal-Nya. Tetapi kalian mengenal Dia, karena sekarang Dia ada bersama kalian, dan nanti Dia akan tinggal di dalam hatimu masing-masing.

—Yohanes 14:16–17

UNTUK MENJADI SEORANG 2% (ORANG PERCAYA YANG dituntun roh kudus dalam bisnis), anda perlu melakukan perubahan besar!

Ini adalah perubahan besar—perubahan yang sangat BESAR—dari dipimpin oleh Apa dalam dunia bisnis menjadi dipimpin oleh Roh Tuhan.

Saya tahu itu. Saya sendiri harus melakukan perubahan besar yang sama. Itu adalah transformasi besar bagi saya untuk beralih dari dipimpin oleh pikiran, uang, inovasi, peluang, harga, tekanan, perasaan, dan keangkuhan menjadi sepenuhnya dan hanya dipimpin oleh Roh.

Ini adalah perubahan yang tidak dipahami oleh dunia (para pemimpin bisnis yang tidak percaya), bukan karena mereka tidak mampu, tetapi semata-mata karena mereka bukan orang percaya dalam Yesus. Mereka tidak dapat menerima potensi keuntungan kompetitif yang tidak adil karena Roh Tuhan tidak hidup di dalam mereka.

Saat Anda mulai melakukan perubahan besar ini, penting untuk meninjau dua cara paling mendasar di mana Tuhan membimbing Anda.

Tetapi Yesus menjawab:

> Manusia hidup bukan dari roti saja, tetapi dari setiap firman yang keluar dari mulut Allah. (Matius 4:4)

> Siapa memperhatikan firman akan mendapat kebaikan, dan berbahagialah orang yang percaya kepada Tuhan (Amsal 16:20)

Cara pertama Tuhan membimbing Anda adalah melalui Firman-Nya. Firman-Nya yang sempurna dan tidak pernah gagal mengajar, menginspirasi, menegur, mendorong, mengoreksi, dan masih banyak lagi.

Semuanya dimulai dengan Firman Tuhan.

> Sebab semua orang yang dipimpin oleh Roh Allah, mereka adalah anak-anak Allah. ... Roh itu sendiri bersaksi bersama roh kita, bahwa kita adalah anak-anak Allah. (Roma 8:14, 16, penekanan ditambahkan)

Cara lain Tuhan membimbing Anda adalah melalui Roh Kudus-Nya. Topik ini begitu mendalam hingga layak untuk Anda pelajari lebih lanjut, melampaui cakupan dan tujuan buku ini.

Namun, ada satu frasa kunci dalam Roma 8:16 yang perlu kita dalami: "Roh itu sendiri bersaksi bersama roh kita..." Kita akan sering merujuk pada frasa ini sepanjang buku, karena peranannya yang begitu penting dalam perubahan besar.

Ketika Anda menerima Yesus dan dilahirkan kembali, roh Anda yang sebelumnya mati kini hidup kembali. Sekarang, Anda memiliki roh yang telah diperbarui, dan Roh Kudus Allah berdiam di dalam Anda. Karena itu, roh Anda bersaksi bersama dengan Roh Kudus yang ada di dalam diri Anda.

"Bersaksi bersama dengan" secara harfiah berarti kita memiliki saksi hidup di dalam diri kita—hadirat Allah yang selalu dapat kita panggil, cari, tanyakan, selidiki, dan ikuti kapan saja, di mana saja.

Bisakah kita sepakat tentang satu hal yang sangat penting? Saat Anda menerima Roh Kudus, Dia bukan sekadar "kartu bebas dari neraka." Sayangnya, jutaan orang percaya—termasuk banyak pebisnis—berpikir bahwa tujuan utama Tuhan bagi kita hanyalah menyelamatkan dari neraka.

Meskipun ada banyak daftar, artikel, dan studi Alkitab luar biasa yang tersedia di gereja, toko buku, dan internet tentang bagaimana Roh Kudus mengajar, membimbing, berbicara, melindungi, dan bekerja melalui kita, hanya sedikit orang percaya yang memahami lebih dari sekadar bahwa Roh Kudus adalah tiket menuju surga.

Lebih sedikit lagi dari kita yang mendapatkan pengajaran, pelatihan, atau dorongan untuk benar-benar membiarkan Roh Kudus membimbing dalam bisnis dan kehidupan profesional kita.

Namun, Roh Kudus siap, mau, dan mampu menjadi pendamping Anda dalam setiap aspek kehidupan profesional.

2.1. APAKAH ITU MUNGKIN?

Pada-Nya, penjaga pintu membuka, dan domba-domba mendengar suara-Nya; dan Dia memanggil domba-domba-Nya dengan nama masing-masing, dan menuntun mereka keluar. Dan apabila Ia telah mengeluarkan semua domba-Nya, Ia berjalan di depan mereka, dan domba-domba itu mengikuti-Nya, karena mereka mengenal suara-Nya.

—Yohanes 10:3-4

Ekonomi global yang terus berubah. Pelanggan dengan ekspektasi tinggi. Tekanan tanpa henti untuk meningkatkan kinerja, meraih keuntungan lebih besar, dan menekan pengeluaran.

Apakah mungkin bagi Anda untuk dipimpin oleh Roh Kudus di dunia bisnis global saat ini?

Jawabannya adalah YA!

Bukan hanya mungkin, tetapi itu berada dalam jangkauan Anda.

Seluruh Alkitab dipenuhi dengan kisah-kisah tentang pria dan wanita yang dipimpin oleh Roh-Nya. Roh itu berbicara dan memimpin…

- Abraham untuk bersiap pindah,

- Musa dari semak belukar untuk bersiap memimpin umat keluar dari Mesir,

- Yosua untuk menaklukkan Tanah Perjanjian,

- Nehemia untuk membangun kembali tembok Yerusalem dalam waktu singkat,

- Ester untuk dengan berani menghadap Raja, mempertaruhkan nyawanya dalam proses itu,

- Rut untuk berpegang teguh pada Allah Naomi dan meninggalkan keluarganya,

- Daud untuk mengalahkan Goliat dan menjadi Raja besar Israel,

- Salomo untuk memimpin bangsa Israel dengan hikmat,

- Elia untuk mengalahkan nabi-nabi palsu Baal,

- Elisa untuk dengan berani meminta dua kali lipat bagian dari roh Elia,

- Yunus untuk memberitakan firman dan membawa pertobatan ke tanah yang bermusuhan,

- Yusuf dan Maria untuk menikah dan melahirkan Anak Allah yang dikandung di luar pernikahan,

- Simeon dan Hana untuk berada di bait suci tepat saat Yusuf mempersembahkan Yesus,

- Lukas untuk menulis Injil yang menyandang namanya,

- Petrus untuk memberitakan khotbah pertama yang tercatat dalam Perjanjian Baru, menyelamatkan lebih dari 3.000 jiwa,

- Ananias untuk pergi kepada Saulus, musuh orang-orang kudus di Yerusalem,

- Paulus… dalam hampir semua yang dia lakukan,

- Yohanes untuk menulis Wahyu,

- …dan masih banyak lagi!

Ini hanyalah beberapa dari ratusan contoh dalam Alkitab tentang pria dan wanita yang dipimpin oleh Roh Allah.

Bahkan Anak Allah sendiri berkata:

Aku berkata kepadamu: Sesungguhnya Anak tidak dapat mengerjakan sesuatu dari diri-Nya sendiri, jika Ia tidak melihat Bapa mengerjakannya; sebab apa yang dikerjakan Bapa, itu juga yang dikerjakan Anak. (Yohanes 5:19)

Sejujurnya, sebagai seorang 2%, Anda tidak berbeda. Anda memiliki Roh yang sama persis hidup di dalam diri Anda.

Apakah mungkin untuk dipimpin oleh Roh Kudus dalam dunia bisnis saat ini?

Oh, tentu saja. Hanya diperlukan iman sebesar biji sesawi (Matius 17:20) untuk melakukan perubahan besar!

2.2. MENGAPA BERUBAH KE SIAPA?

Berikut enam alasan kuat untuk segera melakukan perubahan besar.

1: ROH KUDUS MENGETAHUI PIKIRAN ALLAH.

> *Tetapi seperti ada tertulis: "Apa yang tidak pernah dilihat oleh mata, dan tidak pernah didengar oleh telinga, dan yang tidak pernah timbul dalam hati manusia: semua yang disediakan Allah untuk mereka yang mengasihi Dia." Tetapi Allah telah menyatakannya kepada kita oleh Roh-Nya. Sebab Roh menyelidiki segala sesuatu, bahkan hal-hal yang dalam dari Allah. Sebab siapakah di antara manusia yang mengetahui hal-hal mengenai dirinya selain roh manusia yang ada di dalam dirinya? Demikian juga tidak ada seorang pun yang mengetahui hal-hal mengenai Allah selain Roh Allah.*
>
> —1 Korintus 2:9–11

Banyak dari kita menganggap menghadiri konferensi untuk mendengar wawasan dari CEO ternama atau pakar bisnis sebagai kesempatan luar biasa. Belajar langsung dari pemimpin sukses dan menyerap pengalaman mereka bisa menjadi pengalaman berharga. Tidak ada yang keliru dengan mendengarkan para ahli. Namun, saya mengingatkan Anda untuk selalu menyaring setiap pemikiran mereka melalui Firman Tuhan dan kesaksian Roh Kudus yang hidup dalam diri Anda (kita akan membahas ini lebih lanjut nanti).

Daripada mencari seorang ahli manusia di sisi Anda untuk mendapatkan solusi dalam setiap situasi bisnis, tantangan, hambatan, peluang, atau keputusan yang Anda hadapi, bukankah jauh lebih baik mencari Roh Allah yang ada di dalam Anda?

Wah! Kedua pilihan ini benar-benar tidak bisa dibandingkan.

Kiranya kita selalu mencari hikmat Tuhan terlebih dahulu, karena Dia menghendaki saya menjalankan bisnis saya sesuai dengan kehendak-Nya—bukan berdasarkan ide manusia—setiap saat!

2: ROH KUDUS DENGAN BEBAS MEMBERIKAN HIKMAT TUHAN UNTUK BISNIS KITA.

Kita tidak menerima roh dunia, tetapi Roh yang berasal dari Allah, supaya kita tahu apa yang dikaruniakan Allah kepada kita.

—1 Korintus 2:12

Tuhan telah mengungkapkan kepada Roh Kudus seluruh hikmat dan rencana-Nya bagi Anda serta bisnis Anda, termasuk hal-hal yang melampaui pemahaman manusia. Roh Kudus dapat memberitahukannya kepada Anda sesuai kehendak-Nya dan saat Anda memintanya.

Lebih dari itu, nasihat dari Roh Kudus sepenuhnya gratis! Nasihat-Nya sudah ada di dalam diri Anda dan memberi kesaksian dengan roh Anda. Hal yang perlu Anda lakukan hanyalah bertanya. (*Akan dijelaskan lebih lanjut bagaimana melakukannya di bagian selanjutnya dari buku ini.*)

3: ROH KUDUS MENGETAHUI SELURUH KEBENARAN.

Tetapi apabila Ia datang, yaitu Roh Kebenaran, Ia akan memimpin kamu ke dalam seluruh kebenaran; sebab Ia tidak akan berkata-kata dari diri-Nya sendiri, tetapi segala sesuatu yang didengar-Nya itulah yang akan dikatakan-Nya.

—Yohanes 16:13a

Sebagai bagian dari 2%, Anda sudah memiliki konsultan terbaik di alam semesta dalam diri Anda. Kebenaran-Nya dapat membimbing Anda dalam menjalankan bisnis, berinteraksi dengan karyawan, rekan kerja, vendor, pemasok, pelanggan, serta seluruh komunitas yang terhubung dengan usaha Anda.

Roh Kudus tidak pernah berbohong, tidak pernah menyesatkan, tidak pernah meremehkan, dan tidak pernah melewatkan apa pun yang perlu Anda ketahui. Lebih dari itu, dipimpin oleh Roh Kudus dalam kebenaran akan membebaskan Anda (*Yohanes 8:32*) untuk menjadi segala sesuatu yang Tuhan inginkan bagi bisnis Anda.

4: ROH KUDUS MENGETAHUI MASA DEPAN BISNIS ANDA.

...dan Ia akan memberitahukan kepadamu hal-hal yang akan datang.

—Yohanes 16:13b

Apa yang baru saja Yohanes katakan? Roh Kudus akan memberitahuku "hal-hal yang akan datang"?

Bayangkan memiliki konsultan yang selalu siap mendampingi Anda setiap saat, yang sudah mengetahui setiap tantangan yang akan Anda hadapi dalam bisnis—hari ini, besok, dan seterusnya.

Wow!

Ini bukan berarti Roh Kudus akan mengirim pesan teks atau email setiap pagi berisi semua yang perlu Anda ketahui atau lakukan. Namun, pada waktu yang tepat, Ia akan membimbing Anda selangkah demi selangkah di jalur yang harus ditempuh untuk memenuhi tujuan-Nya bagi bisnis Anda.

Kadang-kadang, instruksi Tuhan melalui Roh Kudus tidak masuk akal secara logika, seperti:

- Mengorbankan anakmu di atas gunung. (*Kejadian 22:9*)

- Berjalanlah mengelilingi kota selama tujuh hari, tiupkan terompetmu, dan kemudian tembok-temboknya akan runtuh. (*Yosua 6:3–4*)

- Celupkan dirimu dalam sungai berlumpur tujuh kali untuk dibersihkan dari kusta. (*2 Raja-raja 5:10*)

- Usapkan ludah dan lumpur pada matamu agar bisa melihat kembali. (*Markus 8:23*)

Dalam banyak kasus, apa yang dikatakan Roh Kudus untuk dilakukan tampak tidak masuk akal. Namun, mereka yang bersedia mengikuti Roh selalu menang, selalu berjaya, dan selalu diberkati.

5: ROH KUDUS MENUNTUN ANDA MENUJU KELIMPAHAN.

Diberkatilah buah kandunganmu, hasil tanahmu dan hasil ternakmu, yakni anak lembu sapimu dan kambing dombamu. Diberkatilah bakulmu dan tempat adonanmu. Diberkatilah engkau pada waktu masuk dan diberkatilah engkau pada waktu keluar.

—Ulangan 28:4–6

Dan Tuhan akan memberimu banyak kebaikan, dalam buah kandunganmu, dalam hasil ternakmu, dan dalam hasil tanahmu, di tanah yang telah dijanjikan Tuhan kepada nenek moyangmu untuk diberikan kepadamu. Tuhan akan membuka bagimu perbendaharaan-Nya yang baik, yaitu langit, untuk memberikan hujan bagi tanahmu pada waktunya, dan untuk memberkati segala pekerjaan tanganmu. Engkau akan meminjamkan kepada banyak bangsa, tetapi engkau tidak akan meminjam.

—Ulangan 28:11–12

Tuhan adalah Tuhan yang melimpahkan berkat dan pertumbuhan, bukan kekurangan atau kemunduran. Keinginan-Nya adalah memberkati anak-anak-Nya.

Roh Kudus hanya akan membimbing Anda ke jalan terbaik, kepada karyawan terbaik, pelanggan terbaik, dan peluang terbaik. Ia akan menjauhkan Anda dari kerugian finansial, kesepakatan yang buruk, dan kemitraan atau aliansi yang salah.

Roh Kudus tidak akan pernah membawa Anda ke jalan yang salah di mana Anda atau perusahaan Anda bisa hancur (kecuali jika Ia menyelamatkan Anda dari sesuatu yang lebih buruk yang tidak Anda lihat!).

Dipimpin oleh Roh Kudus dalam bisnis adalah cara terbaik Anda untuk hidup dalam kelimpahan-Nya.

6: ROH KUDUS ADALAH PENASIHAT, KONSULTAN, DAN PELATIH #1 ANDA.

Percayalah kepada TUHAN dengan segenap hatimu, dan janganlah bersandar kepada pengertianmu sendiri; Akuilah Dia dalam segala lakumu, maka Ia akan meluruskan jalanmu.

—Amsal 3:5–6

Ketika Anda memutuskan untuk melakukan perubahan (dan saya merasakan Anda sudah memutuskannya), Roh Kudus akan memberi tahu Anda kapan harus...

- Pergi

- Tetap

- Berhenti

- Membangun

- Berinvestasi

- Menjalin hubungan

- Menghindari

- Menunda

- Menunggu

- Memperluas

- Pindah

- Mempersiapkan

- Merekrut

- Memecat

- Membeli

- Menjual

- Lari!

Roh Kudus adalah dan seharusnya selalu menjadi Penasihat, Konsultan, dan Pelatih Bisnis #1 Anda.

2.3. MUSUH ANDA SEBENARNYA

Pencuri datang hanya untuk mencuri, membunuh, dan membinasakan.

—Yohanes 10:10a

Musuh terbesar Anda di tempat kerja bukanlah pesaing, pemasok, bank, atau karyawan.

Bukan juga kondisi pasar, persaingan global, atau masalah arus kas.

Musuh sesungguhnya adalah Iblis!

Dialah yang akan melakukan segala cara untuk mengalahkan, mengalihkan perhatian, dan menggagalkan Anda dari dipimpin oleh suara Tuhan melalui koneksi langsung-Nya kepada Anda—yaitu Roh Kudus.

Iblis sangat ingin kamu dipimpin oleh dunia, oleh apa yang dia kuasai (*Efesus 2:2*).

Tuhan sangat ingin kamu dipimpin oleh Roh-Nya, oleh apa yang Dia kuasai (*Roma 8:14-16*).

> Karena perjuangan kita bukan melawan darah dan daging, tetapi melawan pemerintah-pemerintah, melawan penguasa-penguasa, melawan penguasa-penguasa kegelapan zaman ini, melawan roh-roh jahat di udara. (Efesus 6:12)

Sudah saatnya Anda fokus pada pertempuran yang sebenarnya dalam bisnis.

Ini adalah perjuangan yang sama seperti di rumah—antara kebenaran dan kebohongan, antara kebaikan dan kejahatan.

Sudah saatnya untuk mengingatkan musuh bahwa dia sudah kalah, bahwa dia telah dikalahkan 2.000 tahun yang lalu di kayu salib.

Sudah saatnya untuk memberitahunya bahwa dia tidak mengendalikan atau memengaruhimu dalam bisnismu, karena sekarang kamu dipimpin oleh Roh Kudus.

Sudah saatnya untuk mengatakan padanya bahwa, dalam nama Yesus, dia harus lari (*Yakobus 4:7*)!

2.4. KEPUTUSAN BISNIS TERBESAR DALAM HIDUP ANDA

Janganlah kamu menjadi serupa dengan dunia ini, tetapi berubahlah oleh pembaharuan budimu, sehingga kamu dapat membedakan manakah kehendak Allah: apa yang baik, yang berkenan kepada Allah, dan yang sempurna.

—Roma 12:2

Keputusan bisnis terbesar yang akan Anda buat dalam hidup adalah menjadi pemimpin yang dipimpin oleh Roh Kudus.

Tidak ada keputusan bisnis lain yang akan Anda buat yang akan...

- Membuat roh Anda bersemangat dan hidup di tingkat yang lebih tinggi

- Menjadi tantangan terbesar untuk diterapkan dan diintegrasikan dalam kehidupan sehari-hari Anda

- Membebaskan kekuatan rohani yang lebih besar di seluruh organisasi bisnis Anda

- Lebih banyak disalahpahami, bahkan diejek, oleh keluarga, teman, karyawan, dan pelanggan

- Membawa imbalan duniawi dan kekal yang lebih besar

- Mendapatkan perlawanan yang lebih keras dari musuh dan pasukannya

Jika dibandingkan dengan keputusan apa pun yang akan Anda buat, keputusan ini berada di atas dan melampaui semua keputusan lainnya.

Bahkan, keputusan ini berdampak pada apa yang akan Yesus saksikan dalam pembelaan Anda kepada Bapa pada hari penghakiman.

Pertanyaannya adalah, *"Apakah* Anda *akan menjadi pemimpin yang dipimpin oleh Roh atau terus menjadi pemimpin yang dipimpin oleh dunia?"*

Saya tahu bahwa Anda sudah memutuskan. Roh saya merasakan bahwa Anda siap untuk membuat perubahan besar ini.

Namun sebelum melangkah, Anda harus mempersiapkan diri untuk menghadapi rintangan-rintangan tak terhindarkan di depan.

Panduan Studi Bab 2

Apakah Anda percaya bahwa mungkin untuk sepenuhnya dipimpin oleh Roh Kudus dalam bisnis di negara Anda? Mengapa atau mengapa tidak?

Apa yang Anda anggap sebagai tantangan terbesar untuk beralih menjadi sepenuhnya dipimpin oleh Roh Kudus dalam bisnis?

Dengan cara apa Anda melihat Iblis mempengaruhi bisnis Anda?

Buatlah daftar bagaimana menjadi pemimpin yang dipimpin oleh Roh Kudus dapat mengatasi upaya Iblis untuk membunuh, mencuri, dan menghancurkan bisnis Anda.

3

HAMBATAN

Kami ditindas dari segala arah, namun tidak hancur; kami bingung, tetapi tidak putus asa; dianiaya, tetapi tidak ditinggalkan; dihempaskan, tetapi tidak binasa.

—2 Korintus 4:8–9

PAULUS TAHU UJIAN-UJIAN YANG AKAN DIA HADAPI karena memberitakan injil. Namun, hal itu tidak menghalanginya untuk memenuhi panggilannya dari Tuhan.

Apakah saya mengatakan bahwa perubahan besar ini akan membuat Anda menghadapi pemukulan, pemenjaraan, atau karam kapal? Tidak, tetapi kemungkinan itu ada. Banyak dari Anda yang membaca Edisi Global ini tinggal di negara-negara di mana orang Kristen mengalami penganiayaan berat dalam berbagai aspek kehidupan. Ada saatnya kita menghadapi tantangan besar ketika berusaha menjadi pemimpin bisnis yang dipimpin oleh Roh Kudus.

Ketika Tuhan memanggil saya untuk meninggalkan perusahaan konsultasi dan berbicara yang berorientasi pada keuntungan untuk memulai pelayanan bisnis berbasis iman, percayalah… tantangan tetap ada, bahkan di Amerika Serikat.

Banyak biro pembicara profesional yang telah mempekerjakan saya selama bertahun-tahun langsung menjauh setelah mengetahui bahwa saya menjalankan bisnis sebagai seorang Kristen, seolah-olah saya mengidap penyakit menular.

Calon klien lari karena takut bahwa saya mungkin akan masuk dan mencoba menginjili atau mengonversi karyawan mereka menjadi Kristen.

Pasar sasaran baru saya, yaitu para 2% seperti Anda, belum mengenal saya sebagai pebisnis beriman dengan wawasan yang baru.

Hingga saat itu, semua pidato utama, buku, materi pelatihan, dan blog yang saya buat selama 20 tahun sebelumnya bersifat sekuler, tanpa unsur iman. Meskipun sesekali saya menyisipkan sedikit Firman jika dirasa sesuai.

Saya harus memulai dari awal sebagai penasihat berusia 57 tahun dengan bisnis yang dijalankan dari rumah.

Bagian dari kesaksian saya adalah bahwa, meskipun saya harus berjuang keras untuk bertahan hidup selama beberapa tahun berikutnya, Tuhan menyediakan segala yang kami butuhkan. Kami tidak pernah melewatkan pembayaran hipotek, makan, biaya sekolah anak kami, atau kebutuhan lainnya (Filipi 4:19).

Ya, bahkan bagi saya, setelah membuat Perubahan Besar, saya menghadapi banyak hambatan baru. Begitu pula Anda.

Berikut beberapa tantangan besar yang saya hadapi, yang mungkin juga pernah atau akan Anda alami.

Tetaplah bersemangat. Di akhir bab ini, saya akan membagikan satu kunci yang membantu saya melewati berbagai tantangan untuk menjadi pemimpin bisnis yang dipimpin oleh Roh Kudus.

3.1. INI BUKANLAH HAL YANG ALAMI

Tetapi manusia duniawi tidak menerima hal-hal dari Roh Allah, karena bagi dia hal itu adalah kebodohan; dan ia tidak dapat memahaminya, sebab hal itu hanya dapat dinilai secara rohani. Tetapi manusia rohani menilai segala sesuatu, tetapi ia sendiri tidak dinilai oleh siapa pun. Sebab, "siapa yang

mengetahui pikiran Tuhan sehingga dapat menasihati Dia?"
Tetapi kita memiliki pikiran Kristus.

—1 Korintus 2:14–16

Anda dan saya kemungkinan besar telah diajarkan untuk berbisnis dengan cara tertentu: cara duniawi yang alami—bukan cara kerajaan Allah.

Kemungkinan kita telah diajarkan atau diawasi oleh pria atau wanita tentang cara-cara bisnis dunia dalam...

- Membuat keputusan (dipimpin oleh logika)

- Menilai risiko naik dan turun (dipimpin oleh peluang)

- Meningkatkan keuntungan dan mengurangi biaya (dipimpin oleh uang)

- Mendorong sistem dan perangkat lunak peningkat produktivitas terbaru (dipimpin oleh inovasi)

- Mengintegrasikan ide bisnis terbaru (dipimpin oleh ahli)

- Membuat keputusan cepat (dipimpin oleh tekanan)

Setelah bertahun-tahun, bahkan puluhan tahun dipengaruhi oleh pola pikir bisnis dunia, tidaklah mudah bagi kita untuk berhenti sejenak dan meminta Roh Kudus membimbing langkah kita.

Bahkan melakukan perubahan positif (seperti *Perubahan Besar*) pada awalnya terasa sangat tidak alami bagi kita karena ini adalah sesuatu yang belum pernah kita lakukan sebelumnya.

Tidak masalah. Setelah Anda melangkah dan mulai merasakan keberhasilan, bahkan hasil yang supranatural, dipimpin oleh Roh akan menjadi bagian alami dari cara Anda bekerja.

3.2. INI BUKANLAH HAL YANG JELAS

Tetapi Marta sibuk sekali melayani. Ia datang mendekati
Yesus dan berkata, "Tuhan, tidakkah Engkau peduli bahwa
saudaraku membiarkan aku melayani seorang diri? Suruhlah
dia membantu aku."

—Lukas 10:40

Mari kita pelajari sudut pandang Marta sejenak.

Bagi Marta, jelas sekali bahwa rasa urgensi diperlukan untuk menyiapkan hidangan bagi semua tamu. Banyak orang. Yesus mengajar. Orang-orang mulai lapar.

Tentu saja, hidangan besar harus siap ketika Yesus selesai mengajar... bukan? Mengapa tidak ada yang menyadari hal ini? Terutama Maria, saudarinya, yang justru duduk di luar mendengarkan Yesus daripada membantu. Masih banyak pekerjaan yang harus diselesaikan! Seharusnya dia lebih peka!

Marta bahkan sampai berani mengganggu pengajaran Yesus dan pada dasarnya menyuruh Yesus untuk memberitahu Maria agar masuk ke dapur dan membantu.

Bayangkan betapa beraninya mengganggu pengajaran Yesus, menyebut nama Maria di depan banyak orang, lalu meminta Yesus (karena pasti Dia akan setuju) untuk menyuruh Maria melakukan yang seharusnya... bangun dan membantu menyiapkan hidangan!

Ini sangat jelas ... bukan?

Lebih mudah mengikuti apa yang tampak jelas daripada membiarkan diri Anda dipimpin oleh Roh Kudus menuju sesuatu yang mungkin tidak langsung terlihat.

Mungkin tampak jelas bagi kita untuk berbisnis dengan cara dunia dalam hal:

- Menunda pembayaran kepada vendor beberapa hari untuk membantu arus kas saat ini

- Memecat karyawan yang selalu datang terlambat

- Ekspansi ke desa atau kota yang tampaknya memiliki banyak potensi

- Menghentikan kontrak vendor jangka panjang demi vendor baru dengan harga lebih rendah

- Menghapus atau mengurangi anggaran pelatihan saat pemotongan anggaran

Mengikuti tuntunan Roh Kudus dalam bisnis tidak selalu terlihat jelas. Anda perlu belajar mengenali cara kerja kerajaan yang sering kali tidak langsung terlihat.

Penjelasan lebih lanjut akan dibahas nanti.

3.3. INI BUKANLAH HAL YANG POPULER

Kemudian datanglah murid-murid-Nya dan berkata kepada-Nya: "Tahukah Engkau bahwa perkataan-Mu itu telah menjadi batu sandungan bagi orang-orang Farisi?"

—Matius 15:12

Tetapi mereka berteriak-teriak dengan suara nyaring, sambil menutup telinga mereka dan menyerbu dia dengan serentak. Lalu mereka menyeret dia ke luar kota dan melemparinya. Dan saksi-saksi meletakkan jubah mereka di depan kaki seorang muda yang bernama Saulus.

—Kisah Para Rasul 7:57–58

Tetapi ketika orang-orang Yahudi dari Tesalonika mengetahui bahwa firman Allah diberitakan oleh Paulus di Berea juga, datanglah mereka ke sana dan menghasut orang banyak.

—Kisah Para Rasul 17:13

Ayat-ayat yang begitu dramatis ini menegaskan satu kebenaran: Tidak semua orang akan menyambut pewahyuan Anda untuk dipimpin oleh Roh Kudus dalam bisnis dengan tangan terbuka dan seruan "Haleluya!"

Banyak orang, bahkan sebagian besar, mungkin kesulitan memahami pewahyuan Anda tentang keuntungan tidak adil yang baru.

Beberapa bahkan mungkin mencemooh atau membenci Anda. Ya, dipimpin oleh Roh Kudus dalam bisnis bisa jadi sangat tidak populer hingga sering kali terdengar hinaan standar, "Mereka pikir mereka mendengar suara Tuhan!"

Namun, bukankah itu justru intinya?

Alkitab adalah satu kisah panjang dan kuat tentang orang-orang yang mendengar suara Tuhan: Adam, Abraham, Musa, Yusuf, Samuel, Daud, Salomo, Yeremia, Yesaya, Elisa, semua rasul, dan terutama Yesus sendiri.

Menerima keuntungan tidak adil kita dalam bisnis mungkin tidak populer, tetapi anggaplah diri Anda berada di dalam kelompok yang luar biasa, bahkan ketika beberapa orang ragu atau mencemooh Anda.

3.4. TIDAK YAKIN IMAN ANDA CUKUP KUAT

Yesus berkata kepadanya, "Jikalau Engkau dapat percaya, segala sesuatu mungkin bagi orang yang percaya." Segera ayah anak itu berteriak dan berkata dengan air mata, "Tuhan, aku percaya; tolonglah ketidakpercayaanku!"

—Markus 9:23–24

Berjaga-jagalah dan berdoalah, supaya kamu jangan jatuh ke dalam pencobaan; roh memang penurut, tetapi daging lemah.

—Matius 26:41

Tetapi Aku telah berdoa untukmu, supaya imanmu jangan gugur. Dan apabila engkau sudah insaf, kuatkanlah saudara-saudaramu.

—Lukas 22:32

Hambatan ini bisa menjadi yang paling menantang.

Kadang-kadang, Anda mungkin meragukan seberapa kuat iman Anda dan bertanya-tanya apakah Anda mampu bertahan. Mungkin Anda mulai membandingkan diri dengan tokoh-tokoh besar dalam Alkitab—seperti Kaleb atau Paulus—lalu merasa tidak sebanding, seolah-olah iman Anda belum cukup kuat untuk mencapai keberhasilan.

Ini adalah salah satu hambatan utama yang sering digunakan musuh untuk menyerang Anda. Setan bahkan berani melontarkan tuduhan serupa kepada Yesus (lihat Matius 4:3, 5, 8).

Apa yang dibutuhkan untuk memiliki iman yang cukup?

Maka kata Tuhan, "Jika kamu mempunyai iman sebesar biji sesawi saja, kamu dapat berkata kepada pohon ara ini: 'Tercabutlah engkau dan tertanamlah di dalam laut,' dan pohon itu akan taat kepadamu." (Lukas 17:6)

Iman yang menyelamatkan telah membawa Anda ke dalam hubungan kekal dengan Yesus, dengan janji hidup bersama-Nya selamanya di surga.

Karena itu, iman Anda pasti cukup kuat, bahkan sebiji sesawi, untuk menjadi pemimpin bisnis yang dipimpin oleh Roh Kudus.

3.5. TAKUT MELAKUKAN KESALAHAN

Lalu teringatlah Petrus akan apa yang dikatakan Yesus kepadanya: "Sebelum ayam berkokok, engkau akan menyangkal Aku tiga kali." Maka ia pergi ke luar dan menangis dengan sedihnya.

—Matius 26:75

Apakah Anda manusia? Saya juga. Itu berarti kita terkadang gagal mencapai kemuliaan Allah (Roma 3:23).

Saat Anda memulai perjalanan baru ini, kemungkinan besar Anda akan membuat beberapa kesalahan di sepanjang jalan. Namun, bahkan ketika Anda membuat kesalahan, ingatlah, Anda sudah diampuni.

> Jika kita mengaku dosa kita, maka Ia adalah setia dan adil, sehingga Ia akan mengampuni segala dosa kita dan menyucikan kita dari segala kejahatan. (1 Yohanes 1:9)

Ketika Anda semakin dipimpin oleh Roh Kudus dalam bisnis, mungkin ada saatnya Anda keliru, tetapi jangan berhenti. Seiring waktu, kesalahan akan berkurang seiring kuasa-Nya semakin nyata dalam diri Anda.

Alasan kita terus melakukan kesalahan adalah karena kita mendengarkan saluran rohani yang salah!

Saat Anda semakin mengenali suara-Nya, Anda akan semakin jarang melewatkan apa yang Dia sampaikan untuk pertumbuhan diri dan bisnis Anda.

Jangan biarkan rasa takut berbuat kesalahan sesekali menghalangi Anda dalam menjalani perjalanan dengan semangat untuk dipimpin oleh Roh Kudus.

3.6. MEMULAI DENGAN KUAT TETAPI MEMUDAR

Lalu Ia berkata, "Datanglah." Dan ketika Petrus turun dari perahu, ia berjalan di atas air untuk pergi kepada Yesus. Tetapi ketika ia melihat angin yang kencang, ia menjadi takut; dan mulai tenggelam, ia berseru, "Tuhan, selamatkan aku!" Dan segera Yesus mengulurkan tangan-Nya dan menangkapnya, serta berkata kepadanya, "Hai orang yang kurang percaya, mengapa engkau bimbang?" Dan setelah mereka naik ke perahu, angin itu pun reda.

—Matius 14:29–32

Dua orang berjalan di atas air dalam Alkitab: Yesus dan Petrus.

Petrus memulai dengan keyakinan. Ia melangkah keluar dari perahu, menatap Yesus, dan mendengarkan-Nya tanpa memedulikan sekitarnya—air yang bergelora, angin, serta ombak.

Petrus memulai dengan kuat dan kemudian dengan cepat memudar ketika ia mengalihkan pandangannya dari Yesus.

Memulai perjalanan bisnis baru yang penuh tantangan memang terasa menyenangkan. Bagi seorang 2%, menjalankan usaha bersama Tuhan memberikan inspirasi yang luar biasa.

Namun, begitu Anda sepenuhnya berkomitmen untuk menjadi pemimpin yang dipimpin oleh Roh Kudus, tidak ada jalan untuk mundur. Mengapa? Karena begitu Anda berkomitmen, Yesus mengharapkan Anda untuk menyelesaikannya.

Dipimpin oleh Roh Kudus dalam bisnis membutuhkan komitmen penuh untuk tetap bertahan hingga garis akhir. Seperti yang disampaikan Paulus,

> ...supaya *aku dapat menyelesaikan perlombaanku dengan sukacita*, dan pelayanan yang aku terima dari Tuhan

Yesus, untuk memberi kesaksian tentang Injil kasih karunia Allah. (Kisah Para Rasul 20:24b)

Salah satu tokoh iman yang saya kagumi adalah Kaleb. Kisahnya selalu menginspirasi setiap kali saya membacanya dan mendalaminya.

Kaleb berusia 40 tahun ketika ia dan Yosua berusaha meyakinkan bangsa Israel untuk merebut Tanah Perjanjian (Bil. 14:7). Hanya mereka berdua yang selamat dari 40 tahun perjalanan di padang gurun karena Kaleb memiliki roh yang berbeda (Bil. 14:24).

Pada usia 80 tahun, ia membantu Yosua memimpin tentara Israel merebut Tanah Perjanjian dan menaklukkan kerajaan satu per satu. Setelah menunggu 45 tahun, ketika Tuhan memerintahkan Yosua untuk membagi wilayah itu, Kaleb diberi kebebasan memilih tanah mana pun yang diinginkannya.

Respon Kaleb adalah contoh cemerlang tentang memulai dengan kuat dan tidak memudar:

> Dan sekarang, lihatlah, Tuhan telah memelihara hidupku, seperti yang Ia katakan, selama empat puluh lima tahun ini, sejak Tuhan berbicara kata-kata ini kepada Musa, sementara Israel mengembara di padang gurun; dan sekarang, pada hari ini, aku berusia delapan puluh lima tahun. *Masih seperti kuatnya aku hari ini seperti saat Musa mengutusku*; seperti kekuatanku waktu itu, demikian juga kekuatanku sekarang untuk berperang, baik untuk pergi keluar maupun untuk masuk. Sekarang, oleh karena itu, *berikanlah kepadaku gunung ini* yang Tuhan katakan pada hari itu; karena engkau mendengar pada hari itu bagaimana orang-orang Enak ada di sana, dan kota-kotanya besar serta berkubu. Mungkin Tuhan akan menyertai aku, dan aku akan dapat menghalau mereka, seperti yang dikatakan Tuhan. (Yosua 14:10–12, Penekanan ditambahkan)

Pada usia 85 tahun, Kaleb memilih wilayah yang dihuni para raksasa—yang dulu membuat sepuluh pengintai ketakutan dan menyebabkan Israel mengembara di padang gurun selama 40 tahun.

Kaleb adalah tipe orang yang saya inginkan dalam bisnis dan dalam hidup saya.

Itulah model yang saya inginkan untuk ditiru!

Kaleb adalah contoh luar biasa tentang bagaimana memulai dengan kuat, tetap kuat, dan tidak memudar.

Perlombaan bisnis saya masih jauh dari selesai. Seperti Anda, ketika saya pertama kali membuat keputusan untuk dipimpin oleh Roh, saya memulai dengan kuat. Tekanan, ketidakpastian, peluang bisnis yang hilang, dan bahkan daging saya sendiri mencoba memasuki pikiran saya dengan keraguan, ketidakpastian, dan kekecewaan.

Tetapi saya memilih untuk tidak seperti Petrus dan tidak berpaling. Saya memilih untuk tetap menatap Yesus dan mendengarkan Roh-Nya.

Saya memilih untuk menyelesaikan perlombaan seperti Paulus.

Saya memutuskan untuk memulai dengan kuat, tetap kuat, dan tidak memudar ... seperti Kaleb!

Doa saya adalah agar Anda hanya akan semakin kuat dalam perlombaan bisnis yang dipimpin oleh Roh Kudus.

3.7. ANDA TIDAK TAHU CARA MELAKUKANNYA

Lalu dengan gemetar dan takjub ia berkata, 'Tuhan, apa yang Engkau kehendaki supaya aku perbuat?' Dan Tuhan berkata kepadanya, 'Bangunlah dan pergilah ke kota, dan engkau akan diberitahu apa yang harus engkau lakukan.'

—Kisah Para Rasul 9:6

Paulus tidak tahu cara menggunakan keuntungan tidak adilnya yang baru dalam pelayanannya. Dia harus belajar cara menggunakannya.

Saat memulai perjalanan sebagai pebisnis yang dipimpin oleh Roh Kudus, saya tidak tahu harus berbuat apa. Seperti Paulus, saya perlu belajar langkah yang benar dan cara menjalankannya.

Saya tidak akan pernah mengklaim memiliki semua jawaban tentang bagaimana menjadi sepenuhnya dipimpin oleh Roh dalam bisnis.

Namun, saya dapat membagikan kepada Anda pelajaran yang telah saya peroleh dari pengalaman saya sejauh ini.

Itulah mengapa Anda sedang membaca atau mendengarkan buku ini.

Roh Kudus memimpin saya untuk menulis buku ini agar saya dapat membagikan kepada Anda apa yang telah Dia ajarkan kepada saya! Saya masih dalam proses belajar bagaimana dipimpin oleh-Nya.

Dia berkata kepada saya, *"Itulah alasan TEPAT mengapa Aku ingin kamu menulis buku ini—untuk mengajarkan umat-Ku apa yang Aku ajarkan kepadamu tentang membiarkan Aku memimpin mereka dalam bisnis."*

Anda sudah membaca atau mendengar sebagian dari apa yang telah saya pelajari.

Jadi, mari kita lanjutkan!

3.8. KUNCI UNTUK MENGATASI HAMBATAN ANDA

Hambatan (n): sesuatu yang menghentikan kemajuan atau mencegah pencapaian suatu tujuan.

Meskipun penting untuk mengenali potensi hambatan yang mungkin Anda hadapi saat beralih dari pemimpin bisnis yang dipimpin dunia menjadi pemimpin bisnis yang dipimpin Roh Kudus, lebih penting lagi untuk mengetahui cara mengatasinya.

Musuh sering kali menempatkan hambatan untuk menghalangi pelepasan Roh Kudus dalam bisnis Anda. Ia akan memanfaatkan segala cara untuk menghadirkan rintangan, baik kecil, besar, maupun luar biasa. Ia terus mengingatkan Anda tentang tujuh hambatan yang telah kita bahas, bahkan mungkin menambahkan lebih banyak lagi demi kepuasan jahatnya.

Harapkan itu.

Ingat, hambatan ini umumnya hanya sementara—kecuali Anda membiarkannya menjadi permanen—dan sering kali hanyalah gangguan yang tidak perlu. Jalan Anda tetap terbuka untuk dilalui.

Dia akan melakukan segala yang dia bisa untuk memaksa Anda kembali ke permainannya, menjalankan bisnis di bawah aturannya.

Salah satu kunci yang saya pelajari untuk mengatasi hambatan ini adalah dengan terlebih dahulu menghafal ayat yang penuh kuasa ini:

> Janganlah kamu menjadi serupa dengan dunia ini, tetapi berubahlah oleh pembaruan budimu, sehingga kamu dapat membedakan manakah kehendak Allah: apa yang baik, yang berkenan kepada Allah dan yang sempurna. (—Roma 12:2)

Kemudian, saya menyatakannya kembali dengan kata-kata saya sendiri … sesuatu seperti ini:

> Saya tidak terikat pada cara-cara bisnis dunia ini tetapi diubahkan melalui pembaruan pikiran saya oleh Roh Kudus, untuk memimpin dan hidup sesuai kehendak Allah yang baik, berkenan, dan sempurna dalam bisnis saya.

Kuncinya? Perbarui pikiran Anda!

Pertempuran bermula dalam pikiran Anda, dimulai dari kesiapan Anda untuk dibentuk menjadi apa yang Tuhan kehendaki dalam bisnis melalui kuasa Roh Kudus.

Pertempuran berakhir ketika Anda belajar bagaimana melepaskan Roh Kudus ke seluruh bisnis Anda.

Langkah berikutnya; mari kita siapkan Anda sepenuhnya untuk melepaskan kuasa Roh Kudus dalam bisnis Anda!

PANDUAN STUDI BAB 3

Dari tujuh hambatan, mana tiga yang paling sulit bagi Anda untuk diatasi? Mengapa itu menjadi tantangan bagi Anda?

1.

2.

3.

Apa rencana atau tindakan yang harus Anda lakukan untuk mengatasi tantangan ini?

Apa arti Roma 12:2 bagi Anda dalam menghadapi hambatan-hambatan tersebut?

4

BAGAIMANA
MEMPERSIAPKANNYA

Siapkan pekerjaanmu di luar, rapikanlah itu untuk dirimu di ladang; dan sesudah itu dirikanlah rumahmu.

—Amsal 24:27

UNTUK BERSIAP BERARTI...

- Membuat diri Anda siap untuk sesuatu yang akan Anda lakukan, sesuatu yang Anda harapkan terjadi.

- Menyiapkan sebelumnya untuk tujuan, penggunaan, atau aktivitas tertentu.

- Menempatkan diri dalam keadaan pikiran yang tepat.

- Merencanakan di muka.

- Bersiap-siap.

Saya mulai bermain olahraga sejak usia enam tahun. Dari bisbol, bola basket, hingga golf, saya cepat menyadari bahwa menjadi atlet yang baik tidak cukup hanya dengan hadir di pertandingan. Saya harus mencurahkan waktu, tenaga, dan usaha agar siap secara optimal jika ingin masuk tim atau berlaga di kompetisi.

Ketika pertama kali bermain golf, saya masih ingat dengan jelas kegembiraan saat ayah membelikan set stik golf pertama saya: sebuah driver, stik besi lima, stik besi sembilan, dan putter. Saya merasa seperti pahlawan olahraga pertama saya, Sam Snead! Namun, saya belum tahu bagaimana mempersiapkan diri untuk putaran pertama saya.

Ayah saya dengan lembut dan spesifik mengajarkan saya cara memegang stik, jalur ayunan yang benar, cara mengarahkan dan fokus, serta cara melakukan follow-through. Sebagai mantan pemain bisbol semi-profesional, dia tahu betapa pentingnya persiapan yang tepat dan melakukan pekerjaan yang luar biasa dalam memulai kecintaan saya pada permainan ini. (Saat ini, saya bermain dengan handicap 11, jadi saya siap menerima undangan Anda kapan saja!)

Seiring bertambah dewasa, saya semakin menyadari pentingnya persiapan yang terfokus dan intens untuk unggul dalam olahraga dan dalam hidup.

Hal ini tidak berbeda untuk Anda saat bergerak menuju melepaskan kuasa Roh Kudus dalam bisnis Anda.

Anda harus mempersiapkan diri.

Anda perlu mencurahkan waktu dan tenaga untuk mempersiapkan pikiran serta roh Anda menghadapi langkah berikutnya dalam perjalanan ini.

Berikut adalah lima area di mana Anda perlu mempersiapkan diri untuk melepaskan kuasa Roh Kudus dalam bisnis Anda.

4.1. LEBIH DARI SEKEDAR DOA

Setelah mereka sampai di Misia, mereka mencoba masuk ke Bitinia, tetapi Roh itu tidak mengizinkan mereka.

—Kisah Para Rasul 16:7

Apakah Anda sedikit terkejut dengan judul bagian ini? Bagaimana mungkin ada sesuatu yang lebih dari doa? Bukankah doa adalah hal terpenting yang kita lakukan sebagai orang percaya?

Mohon dipahami, saya tidak mengurangi kekuatan doa dalam bentuk apa pun! Segala sesuatu yang berkaitan dengan dipimpin oleh Roh dalam bisnis dimulai dengan doa. Doa bukan—dan tidak boleh pernah—dianggap sebagai strategi bisnis rohani tingkat dua.

Juga pahami bahwa sepenuhnya dipimpin oleh Roh Allah dalam bisnis berarti lebih dari sekadar doa. Mengapa?

Dalam banyak kasus, bahkan di antara 2% yang benar-benar berkomitmen, doa hanya menjadi rutinitas... sekadar tugas lain dalam agenda harian. Doa untuk bisnis Anda berubah menjadi, "Oke, sudah pukul 6:45 pagi... saatnya berdoa sebentar." Selesai.

Begitu juga dengan doa untuk bisnis, yang sering kali berubah menjadi, "Oh tidak, saya lupa... saya harus berdoa sebentar sebelum berangkat kerja."

Dalam kondisi terburuk, doa justru menjadi langkah terakhir yang terpaksa diambil, "Tuhan, tolong selamatkan bisnis kami!"

Ya, saya angkat tangan mengaku telah melakukan ketiganya. Bagaimana dengan Anda?

Bahkan jika Anda dan tim Anda menginvestasikan waktu, energi, dan iman yang signifikan dalam waktu doa yang terfokus (dan Anda harus melakukannya), doa saja tidak cukup untuk melepaskan kekuatan penuh dari keunggulan kompetitif tidak adil kita di tempat kerja.

Untuk mempersiapkan diri melepaskan keunggulan kompetitif Anda, ini lebih dari sekedar doa—ini tentang kesadaran rohani total!

MENJADI SADAR SECARA ROHANI

Roh Kudus senantiasa berkarya di dalam dan di sekitar Anda, baik secara lembut maupun nyata.

Ada dua tingkat utama dari kesadaran rohani saat Anda mempersiapkan diri untuk melepaskan keunggulan kompetitif bisnis Anda:

Tingkat 1: Kesadaran Rohani Pribadi

Kesadaran rohani dimulai dengan secara sengaja memperhatikan bagaimana Roh Kudus bekerja dalam diri Anda. Anda dapat memulainya dengan menjawab pertanyaan seperti...

- Apa yang dikatakan Roh Kudus kepada saya hari ini?

- Siapa yang disebut Roh Kudus untuk saya hubungi hari ini?

- Apa yang saya rasakan sebagai arahan Roh Kudus untuk masa depan saya?

Luangkan 15 menit sekarang untuk menuliskan jawaban atas pertanyaan-pertanyaan ini. Renungkan dalam ketenangan. Mengapa harus sekarang? Ini adalah langkah awal yang penting untuk menyelaraskan kesadaran rohani Anda, sehingga dapat mendengar dengan jelas apa yang Roh Kudus sampaikan saat ini.

Cetak halaman ini dan tuliskan pikiran Anda.

Apa yang dikatakan Roh Kudus kepada saya hari ini?

Siapa yang dikatakan Roh Kudus untuk saya hubungi hari ini?

Apa yang saya rasakan sebagai arahan Roh Kudus untuk masa depan saya?

Ajukan tiga pertanyaan ini kepada diri sendiri setiap hari. Dengan begitu, Anda akan semakin terbiasa membangun kesadaran rohani secara sadar.

TINGKAT 2: KESADARAN ROHANI DALAM BISNIS

Setelah Anda mengembangkan dan menyempurnakan kesadaran rohani pribadi, Anda kemudian dapat memfokuskan diri pada kesadaran rohani dalam bisnis.

Berikut adalah contoh pribadi. Beberapa tahun lalu, saya diundang untuk bertemu dengan seorang pebisnis 2% yang menyewa satu lantai gedung perkantoran besar dan kemudian menyewakan ruang ekstra tersebut kepada bisnis Kristen lainnya. Selama kunjungan pertama saya ke kantornya, saya merasakan kehadiran roh jahat yang sangat kuat. Saya bertanya kepadanya siapa penyewa sebelumnya di ruang kantor ini. Dia menjawab bahwa itu adalah kantor besar untuk Planned Parenthood, sebuah organisasi di Amerika yang secara terbuka mempromosikan aborsi bayi. Kami segera mulai berdoa, mengurapi kantor, dan mengusir roh-roh jahat di sekitar ruangan tersebut.

Dibutuhkan bertahun-tahun latihan pada Tingkat 1: Kesadaran Rohani Pribadi sebelum saya mulai belajar menerapkannya pada Tingkat 2: Kesadaran Rohani dalam Bisnis.

Berikut cara mempercepat proses belajar Anda dalam mempersiapkan diri untuk sepenuhnya dipimpin oleh Roh Kudus dalam bisnis.

Berikut beberapa pertanyaan yang membantu saya lebih menyadari bagaimana Roh Kudus bekerja dalam dan melalui bisnis saya. Luangkan 15 menit SEKARANG untuk mencatat pikiran Anda tentang pertanyaan-pertanyaan ini.

Di mana saya merasakan Roh Kudus bergerak dalam bisnis saya?

Bagaimana Roh Kudus bergerak dalam situasi saat ini?

Siapa di dalam dan di sekitar bisnis saya yang sedang dipimpin oleh Roh Kudus?

Rekan Kerja – Manajer, Supervisor, Staf lini depan, Staf sementara

Pelanggan – Lokal, Nasional, Global

Konstituen – Vendor, Pemasok, Dewan Direksi, Penggemar non-pelanggan

Komunitas – Wilayah geografis yang kami layani

Dalam aktivitas, proyek, komunikasi, atau urusan bisnis mendatang, di mana saya perlu lebih dipimpin oleh Roh Kudus?

HASIL AKHIRNYA

Seiring waktu, Anda akan semakin terbiasa mencari kesadaran rohani yang lebih mendalam, baik untuk diri sendiri maupun bisnis Anda. Dengan membaca buku ini hingga saat ini, Tuhan sudah bekerja dalam hidup Anda, menuntun Anda untuk terhubung lebih dekat dengan-Nya.

Sering kali, setelah doa yang mendalam, saya meneteskan air mata sukacita saat menyaksikan bagaimana Dia bekerja melalui orang-orang di sekitar saya untuk kemuliaan-Nya dan memberi saya kesempatan untuk menjadi bagian dari rencana-Nya!

Jujur saja, meditasi rohani dalam kehidupan pribadi dan bisnis saya lebih dari apa pun menguatkan kembali komitmen saya terhadap dampak kerajaan.

Melalui itu, saya yakin sepenuhnya bahwa tidak ada yang bisa menghentikan saya!

Ini bukan hanya tentang doa. Lebih dari itu! Saat doa dipadukan dengan kesadaran rohani yang diniatkan, baik secara pribadi maupun dalam bisnis, Anda telah mengambil langkah awal untuk membuka keunggulan kompetitif yang luar biasa!

4.2. INI LEBIH DARI SEKADAR SUARA

> *Lalu [Simeon] datang ke Bait Suci oleh Roh Kudus. Dan ketika orang tua [Yesus] membawa Anak Yesus untuk melakukan bagi-Nya sesuai adat hukum Taurat...*
>
> —Lukas 2:27

> *Dan sekarang, lihatlah, aku [Paulus] pergi ke Yerusalem, terikat oleh roh, tanpa mengetahui apa yang akan terjadi padaku di sana.*
>
> —Kisah Para Rasul 20:22

Kebanyakan dari kita mungkin SANGAT INGIN mendengar suara Tuhan berbicara langsung kepada kita melalui semak yang menyala (Kel. 3:1), awan besar (Mat. 17:5), atau bahkan melalui seekor keledai (Bil. 22:28).

Ada beberapa contoh dalam Alkitab di mana orang-orang mendengar suara Tuhan secara langsung dengan telinga fisik mereka. Tetapi ini adalah pengecualian, bukan aturan umum. Dan hal ini tetap berlaku hingga hari ini.

Apakah Roh Kudus dapat berbicara kepada Anda dengan suara yang terdengar? Tentu saja. Apakah Dia sering melakukannya? Tidak dalam pengalaman saya. Mengapa tidak?

Karena Dia hidup di dalam saya! Dia tidak perlu menggunakan suara fisik yang masuk ke telinga saya untuk berkomunikasi ketika Roh-Nya sudah tinggal di dalam saya.

Mendengar suara-Nya lebih dari sekadar menunggu suara fisik—itu adalah belajar bagaimana lebih baik terhubung dengan Roh-Nya yang sudah hidup di dalam saya.

TUHAN SEDANG BERBICARA KEPADA ANDA

Meskipun Anda meyakini bahwa Tuhan dapat berbicara kepada Anda, mungkin ada saat-saat di mana Anda merasa, "Saya tidak mendengar-Nya. Saya tidak yakin Dia berbicara kepada saya."

Sekarang, ini nasihat gratis untuk Anda: JANGAN PERNAH MENGATAKAN ITU LAGI! JANGAN PERNAH!

Percayalah ketika saya menyatakan bahwa Tuhan memang berbicara kepada Anda.

Jika Tuhan itu Maha Hadir, itu berarti Dia ada di mana-mana, setiap saat.

Jika Tuhan itu Maha Tahu, Dia mengetahui segalanya yang telah, sedang, dan akan terjadi.

Jika Roh-Nya tinggal di dalam Anda, dan Dia selalu ada di sekitar Anda, maka Anda dikelilingi oleh hadirat-Nya.

Bayangkan jika pasangan, anak laki-laki, atau anak perempuan Anda selalu ada di sekitar Anda, berdiri di samping Anda ke mana pun Anda pergi, dalam setiap pertemuan yang Anda hadiri, dan dalam setiap perjalanan yang Anda lakukan. Apakah Anda akan tahu mereka ada di sana? Tentu saja. Anda bisa merasakan kehadiran mereka bahkan ketika mereka tidak berbicara kepada Anda.

Dengan cara serupa, Tuhan berkomunikasi melalui hadirat-Nya, yang saya sebut sebagai "pengetahuan batin".

Pengetahuan Batin

Pengetahuan batin adalah intuisi internal yang melampaui indra mental, emosional, atau fisik. Itu adalah dorongan atau desakan spiritual.

Anda mengetahuinya berasal dari Tuhan, bahkan tanpa mendengar suara yang nyata.

Anda hanya merasakannya dalam hati.

Pernahkah Anda berkata pada diri sendiri atau orang lain, "Saya tahu seharusnya tidak melakukan itu" atau "Saya tahu itu keputusan yang buruk, tetapi tetap saja saya melakukannya"?

Bagaimana Anda bisa tahu? Siapa yang menanamkan keyakinan itu dalam diri Anda?

Sebagai seorang 2%, kemungkinan besar pemahaman batin itu berasal dari Roh Kudus yang berdiam dalam diri Anda. Dialah suara lembut dan tak terdengar yang kita nantikan (1 Raj. 19:12).

Saya mendorong Anda untuk tidak mencari suara nyata atau tanda ajaib untuk mendengar Roh. Yang terpenting adalah melatih kepekaan spiritual Anda.

Melepaskan keunggulan kompetitif yang tidak adil lebih dari sekadar mendengar sebuah suara.

4.3: BERKOMITMEN SEPENUH HATI

Tetapi hamba-Ku Kaleb, karena ada roh yang berbeda dalam dirinya dan ia telah mengikuti Aku sepenuhnya, Aku akan membawa dia ke negeri yang telah dimasukinya, dan keturunannya akan memilikinya.

—Bilangan 14:24

Kata "sepenuh hati" berarti:

- Tidak memiliki keraguan atau ketidakpastian dalam melakukan sesuatu, mendukung seseorang, dan sebagainya.

- Sepenuhnya dan tulus hati dalam pengabdian, tekad, atau antusiasme.

- Ditandai dengan komitmen penuh dan sungguh-sungguh.

- Bebas dari keraguan atau keengganan.

Kaleb adalah salah satu tokoh favorit saya dalam Alkitab. Bersama Yosua, ia termasuk di antara 12 mata-mata yang dikirim untuk menyelidiki Tanah Perjanjian dan melaporkan hasilnya kepada Musa. Sepuluh lainnya diliputi ketakutan hingga ingin menyingkirkan Yosua dan Kaleb karena mendorong Musa untuk menyeberangi Yordan dan merebut tanah itu.

Namun, Yosua dan Kaleb percaya pada janji-janji Tuhan dan melayani-Nya dengan sepenuh hati, siap untuk menyerang atas perintah Tuhan. Perjalanan melepaskan kuasa Roh Kudus dalam bisnis bukan untuk mereka yang ragu. Setelah menerimanya, Anda harus melangkah dengan sepenuh hati, tanpa ragu, dan mengikuti tuntunan-Nya.

TIDAK SETENGAH-SETENGAH

Lihatlah, aku menghadapkan kepadamu pada hari ini kehidupan dan kebaikan, kematian dan kejahatan, yaitu dengan memerintahkan engkau pada hari ini untuk mengasihi Tuhan, Allahmu, berjalan di dalam jalan-Nya, dan memelihara perintah-perintah-Nya, ketetapan-ketetapan-Nya, dan hukum-hukum-Nya, supaya engkau hidup dan bertambah banyak; dan Tuhan, Allahmu, akan memberkati engkau di negeri yang engkau pergi untuk mendudukinya. ... Aku memanggil langit dan bumi sebagai saksi pada hari ini terhadap kamu, bahwa aku telah meletakkan di hadapanmu kehidupan dan kematian, berkat dan kutuk; oleh karena itu pilihlah kehidupan.

—Ulangan 30:15–16,19

Tuhan telah memberikan kepada kita pilihan yang jelas: Jalan-Nya atau jalan dunia. Dia bahkan sudah memberikan jawabannya kepada kita.

Tetapi itu adalah pilihan kita, bukan pilihan-Nya.

Ini adalah pengakuan dari perjalanan profesional saya yang saya harap dapat membantu Anda.

Setelah diselamatkan di usia remaja, saya perlahan menjauh dari Tuhan dan tubuh Kristus. Menghabiskan hari Minggu untuk bermain bisbol daripada pergi ke gereja menjadi awal dari kemunduran saya pada usia 16 tahun. Baru mendekati usia 40, saya kembali sepenuhnya kepada Tuhan, tepat saat memulai bisnis yang saya jalankan sekarang.

Dalam sepuluh tahun pertama menjalankan bisnis, saya menulis beberapa buku, bahkan di antaranya meraih penghargaan bergengsi.

Lalu, Tuhan mulai bekerja dalam diri saya. Berjalan murni dalam dunia bisnis sekuler bukanlah tempat di mana saya merasakan Dia menginginkan saya berada. Jadi, saya membuat keputusan untuk… berdiri di tengah-tengah pagar!

Selama beberapa tahun, saya berusaha mempertahankan satu kaki di jalan dunia dalam berbisnis dan satu kaki lagi di jalan Tuhan. Saya mulai berbicara di konferensi para pendeta dan melatih staf gereja dalam praktik manajemen yang solid dan berdasarkan Alkitab. Saya bahkan berkhotbah di kebaktian Minggu di beberapa gereja.

Meskipun sepertinya cukup baik pada saat itu untuk menjadi orang yang setengah-setengah, pada tahun 2009, Tuhan dengan sangat jelas berkata kepada saya (bukan dengan suara terdengar, tetapi melalui pengetahuan batin yang kuat), "Datang sepenuhnya ke sisi-Ku."

Itu sangat jelas bagi saya bahwa saya harus membuat pilihan: tetap mencoba berdiri di tengah-tengah pagar atau sepenuhnya melakukan semua yang saya lakukan untuk Tuhan dan kemuliaan-Nya.

Meskipun butuh beberapa minggu, saya akhirnya menyerah sepenuhnya dan berteriak, "Tuhan... apa saja, di mana saja! Apa pun yang Engkau inginkan aku lakukan dan di mana pun Engkau inginkan aku melakukannya, aku akan melakukannya."

Inilah titik di mana saya memutuskan untuk hidup dan bekerja dengan sepenuh hati bagi Tuhan melalui bisnis saya.

Perjalanan profesional Anda mungkin tidak se dramatis itu. Namun, tujuannya tetap sama—merangkul panggilan Tuhan dalam bisnis Anda dengan sepenuh hati dan sukacita.

Itu adalah pilihan Anda. Berikan semuanya kepada Tuhan atau tidak sama sekali. Tetapi saya memperingatkan Anda bahwa menjadi setengah hati dalam apa yang Anda lakukan akan menjadi kehancuran dan kejatuhan Anda.

> Aku tahu pekerjaanmu, bahwa engkau tidak dingin dan tidak panas. Aku berharap engkau dingin atau panas. Jadi, karena engkau suam-suam kuku, dan tidak dingin atau panas, Aku akan memuntahkan engkau dari mulut-Ku. (Wahyu 3:15–16)

Seperti Apa "Berdiri di Tengah Pagar" dalam Bisnis Anda? Mungkin termasuk...

- Takut berdoa di siang hari karena seseorang mungkin melihat Anda.

- Mengumpat satu saat, lalu memuji Tuhan pada saat berikutnya.

- Mencetak ayat Alkitab di kartu bisnis Anda dengan harapan orang-orang akan berpikir Anda benar-benar Kristen.

- Mempercayai praktik bisnis terkini daripada kebenaran abadi Tuhan.

- Membayar vendor terlambat agar Anda bisa mendapat gaji terlebih dahulu.

Jika hal ini menimbulkan ketidaknyamanan di hati Anda, itu baik. Bukan untuk menyalahkan, melainkan mendorong Anda mencari kehendak-Nya dengan lebih jelas dalam aspek ini dan lainnya, agar Anda dapat menjalani bisnis dengan sepenuh hati bagi Tuhan.

Sebuah Tantangan

Sekarang saatnya untuk berhenti sejenak—sehari, seminggu, atau lebih—dan meluangkan waktu khusus dalam doa dan puasa. Gunakan momen hening ini untuk meminta Tuhan mempersiapkan hati Anda menjadi seperti Kaleb, yang sepenuh hati dalam menjalankan bisnis.

Silakan. Tutup buku ini. Saya akan tetap di sini setelah Anda berkomitmen kepada Tuhan untuk tidak lagi menjadi orang yang setengah-setengah!

Berikan Segalanya

Dan apapun yang kamu perbuat, perbuatlah dengan segenap hatimu seperti untuk Tuhan dan bukan untuk manusia, karena kamu tahu bahwa dari Tuhan kamu akan menerima upah dari warisan; sebab kamu melayani Tuhan Kristus.

—Kolose 3:23–24

Selamat datang kembali! Saya berdoa agar waktu perenungan Anda menjadi perjumpaan yang penuh kuasa, membawa kejelasan, damai, dan kegembiraan bagi Anda.

Sekarang, mari kita pelajari cara kedua untuk menjadi sepenuh hati dalam bisnis Anda—yaitu dengan memberikan segalanya, seluruh diri Anda!

Ini sederhana, tetapi sangat sulit. Saya tergerak untuk membagikan kisah pribadi lainnya guna menunjukkan kebenaran ini.

Saya mulai bermain bisbol secara terorganisir pada usia lima tahun dan langsung ingin menjadi seorang pelempar. Sebagai pelempar, Anda memiliki kendali. Anda bisa melempar bola dengan keras. Rekan satu tim Anda bergantung pada Anda. Anda mendapatkan lebih banyak pengakuan saat menang dan lebih banyak kesalahan saat kalah daripada yang seharusnya. Saya terus menjadi pelempar dalam liga-liga terorganisir hingga usia dua puluhan. Itu lebih dari sekadar hasrat.

Dalam empat tahun bermain bisbol di sekolah menengah, rekor lemparan saya adalah 23–7 (memenangkan 23 pertandingan dan hanya kalah 7). Tidak buruk sama sekali.

Setelah lulus sekolah menengah, saya bermain di liga musim panas yang sangat kompetitif bersama pemain-pemain terbaik lainnya dari seluruh negara bagian. Turnamen penutup musim adalah sistem gugur tunggal, di mana pemenang mengambil semuanya. Kami harus memenangkan dua pertandingan untuk maju ke turnamen regional.

Pelatih memilih saya untuk menjadi pelempar dalam pertandingan pertama, dan seorang teman sekelas saya di sekolah menengah—kita sebut saja dia "Steve", meskipun itu bukan nama aslinya—untuk menjadi pelempar dalam pertandingan kedua. Saya melempar sepanjang pertandingan pada malam pertama— pertandingan yang panjang dan intens—dan kami menang. Kami menempuh perjalanan sejauh 40 mil untuk pulang dan kembali keesokan malamnya untuk bermain melawan tim terbaik di seluruh negara bagian.

Ketika kami tiba di stadion, Steve tidak ada di sana. Satu jam sebelum pertandingan, kami mengetahui bahwa dia memutuskan untuk tidak datang untuk melempar. Kami tidak pernah tahu alasannya. Sebenarnya, itu tidak terlalu penting. Saya adalah satu-satunya pelempar utama yang tersisa di tim. Biasanya, seorang pelempar utama mendapat istirahat 3–4 hari sebelum memulai pertandingan lagi. Lengan seorang pelempar yang lelah membutuhkan pemulihan.

Lengan dan tubuh saya masih terasa lelah dari pertandingan malam sebelumnya.

Pelatih tidak punya pilihan selain bertanya, "Jim, bisakah kamu bermain malam ini?"

Anda perlu mengetahui sedikit latar belakangnya. Steve dan saya telah bermain melawan dan bersama satu sama lain selama bertahun-tahun. Kami adalah rival yang bersahabat, rekan satu tim yang bertekad membuktikan siapa pelempar yang lebih baik kepada satu sama lain dan seluruh komunitas. Steve adalah bagian dari kelompok populer, anak keren, sedangkan saya jelas bukan. Dia adalah pelempar kidal dengan fastball yang luar biasa. Saya adalah pelempar tangan kanan dengan curveball yang mematikan (dan fastball yang biasa saja). Sebagai atlet, kami memiliki hubungan pribadi yang baik tetapi sama-sama berdedikasi penuh untuk kemenangan tim kami.

Saya belum pernah menang melawan tim yang akan kami hadapi malam itu. Sebelumnya, saya sudah kalah lima kali dari mereka sepanjang karier saya di sekolah menengah dan liga musim panas. Mereka tidak takut pada saya, tetapi saya juga tidak takut pada mereka.

Jadi, saya punya banyak motivasi malam itu! Saya ingin mengalahkan tim itu, memenangkan dua pertandingan berturut-turut, dan membuktikan siapa rekan satu tim yang terbaik. (Maafkan kesombongan saya yang muncul.)

Saya memulai pertandingan, dan seluruh tim sangat bersemangat untuk menang!

Setelah lima babak, kami unggul 4–2. Saat saya melangkah keluar dari ruang istirahat menuju gundukan pelempar untuk memulai babak keenam (liga ini hanya memainkan tujuh babak per pertandingan), pelatih bertanya, "Bagaimana keadaanmu, Jim?" Dia bisa melihat saya sangat kelelahan; fastball saya yang biasa-biasa saja menjadi lebih lemah, dan curveball saya mulai melayang lebih tinggi.

Tentu saja, saya berkata, "Hei, Pelatih... saya baik-baik saja," lalu berlari ke gundukan seperti biasa.

Dia tahu apa yang akan terjadi dan apa yang harus segera dia lakukan. Saya juga tahu, tetapi saya harus memberikan satu usaha terakhir.

Anda pasti bisa menebak apa yang terjadi. Tim lawan mulai menghantam saya, memukul single dan double ke seluruh lapangan.

Dalam sebagian besar pertandingan seperti ini, meskipun saya kehabisan tenaga, saya biasanya masih bisa membuat pemukul lawan melakukan pop-up, ground-out, atau fly-out. Tapi tidak kali ini. Saya benar-benar kelelahan.

Melempar 12,5 babak dalam 24 jam terakhir di cuaca 90 derajat telah menghabiskan segalanya.

Untuk pertama kalinya dalam pertandingan itu, tim lawan kini unggul. Pelatih tidak punya pilihan selain menarik saya keluar dari permainan.

Saat pelatih berjalan ke gundukan, saya melakukan sesuatu yang belum pernah saya lakukan sepanjang hidup saya sebagai atlet.

Saya mulai menangis.

Bayangkan... seorang pemain bisbol sekolah menengah yang baru lulus, MVP tim dengan rekor karier 23–7, berdiri di atas gundukan dan menangis!

Namun, saya tidak merasa malu. Air mata saya adalah bukti bahwa jauh di dalam hati saya, saya telah memberikan segalanya. Saya tidak menyisakan apa pun di lapangan. Saya mencurahkan hati dan jiwa saya, memberikan semua yang saya miliki untuk rekan satu tim saya dan untuk kemenangan.

Meskipun papan skor akhir mencatat saya sebagai pelempar yang kalah, dalam arti yang jauh lebih besar, saya adalah pemenang.

Ayah saya berada di tribun menyaksikan pertandingan, begitu juga ayah dari salah satu pemain lain. Ayah teman saya menoleh kepada ayah saya dan berkata, "Saya sudah melihat Jim melempar banyak pertandingan, tetapi saya belum pernah lebih bangga pada Jim selain malam ini."

Ayah saya menjawab, "Saya juga, Ed. Saya juga."

Saya membagikan kisah ini bukan untuk menyombongkan diri, tetapi untuk memberi semangat. Tuhan Yesus akan paling berkenan ketika Anda melayani-Nya dengan sepenuh hati, memberikan yang terbaik, dan menjalankan bisnis Anda demi kemuliaan-Nya.

Pada akhirnya, ketika Anda melayani-Nya dengan sepenuh hati, Anda akan menang, dan Anda akan menerima upah dari warisan Anda (Kolose 3:23–24).

Karena itu, dalam perjalanan melepaskan kuasa Roh Kudus melalui bisnis Anda, tetapkan hati untuk melayani-Nya dengan sepenuh hati!

Jadi, ketika Roh Kudus memberi tahu Anda untuk pergi atau tidak pergi, membeli atau tidak membeli, menjual atau tidak menjual, menandatangani kontrak atau tidak menandatanganinya, merekrut seseorang atau tidak merekrutnya... apa pun yang Dia perintahkan, lakukanlah.

Dengan sepenuh hati!

4.4. PERCAYALAH KEPADA TUHAN

Percayalah kepada TUHAN dengan segenap hatimu, dan janganlah bersandar kepada pengertianmu sendiri. Akuilah Dia dalam segala lakumu, maka Ia akan meluruskan jalanmu.

—Amsal 3:5–6

Peringatan: jangan abaikan kebenaran yang abadi ini!

Sebagai orang percaya, Anda mungkin sering mendengar ayat ini dan mungkin bahkan menghafalnya, seperti saya.

Kita perlu merenungkan ayat ini sejenak, karena ini adalah inti dari melepaskan kuasa Roh Kudus dalam bisnis Anda.

Mari kita mulai dengan memecah lima komponen inti dari ayat ini.

PERCAYALAH KEPADA TUHAN

Percaya didefinisikan sebagai "kepercayaan penuh pada karakter, kemampuan, kekuatan, atau kebenaran seseorang atau sesuatu."

Saya sangat menyukai frasa "kepercayaan penuh".

Jika Anda telah diselamatkan, itu berarti Anda sudah mempercayai Tuhan untuk keselamatan Anda. Anda yakin bahwa Dia setia pada janji-Nya dan dengan penuh keyakinan bersandar pada-Nya.

Kepercayaan kita kepada Tuhan juga merupakan keyakinan penuh bahwa Dia benar-benar akan setia untuk menyelesaikan pekerjaan baik yang Dia mulai dalam diri kita melalui bisnis kita.

DENGAN SEGENAP HATIMU

Di sinilah banyak dari kita sering terjebak atau ragu-ragu. Anda akan melihat bahwa Salomo, saat menulis ayat ini di bawah pengurapan ilahi Roh Kudus, tidak mengatakan bahwa Tuhan ingin Anda...

- "Percayalah kepada-Ku dengan **semua uangmu!**"

- "Percayalah kepada-Ku dengan **semua rencana bisnismu!**"

- "Percayalah kepada-Ku dengan **semua riset pasar mu!**"

- "Percayalah kepada-Ku dengan **semua pikiranmu!**"

- "Percayalah kepada-Ku dengan **semua perasaanmu!**"

Daftarnya bisa terus berlanjut selamanya, tetapi Anda sudah mengerti maksudnya.

Sangatlah penting untuk mengingat bahwa segala sesuatu yang Anda lakukan dalam bisnis berpusat pada hati Anda. Semuanya tentang bagaimana Anda mengizinkan Tuhan untuk mempengaruhi, membentuk, dan membentuk hati Anda demi kemuliaan-Nya. Namun, sering kali, tekanan dunia bisnis mengepung Anda, para pesaing menyerang Anda, pasar bersikap tidak ramah terhadap Anda, rantai pasokan menantang Anda, bahkan karyawan Anda mungkin menolak Anda.

Sangat mudah untuk kehilangan kendali atas hati kita dan kembali ke sifat kedagingan kita sebagai pemimpin bisnis. Inilah sebabnya mengapa ayat ini dan langkah praktik ini sangatlah penting bagi keberhasilan dan signifikansi bisnis Anda. Segalanya kembali kepada hati Anda dan mempercayai Tuhan dengan sepenuh hati… bukan hanya sebagian kecil pada hari Minggu saja.

Jangan Bersandar pada Pengertian Anda Sendiri

Saya tidak memiliki semua jawaban, dan sejujurnya, Anda pun demikian. Bahkan ketika kita merasa tahu, pemahaman kita sering kali terbatas, keliru, atau sulit diterapkan.

Selama dua dekade, saya melihat peran saya dalam bisnis adalah membaca, mempelajari, menganalisis, dan membagikan informasi—melalui buku, pidato utama, pelatihan, dan konsultasi— tentang bagaimana perusahaan-perusahaan hebat melakukan apa yang mereka lakukan dengan sangat baik. Selama bertahun-tahun, banyak klien yang berkata kepada saya, "Saya tidak peduli dengan pendapat si ahli bisnis itu; saya membayar Anda untuk mendengar apa yang Anda pikirkan!" Sangat mudah menjadi bijak menurut pandangan sendiri.

Meskipun saya memiliki banyak buku pemenang penghargaan dan daftar klien yang mengesankan, jauh di lubuk hati, saya tahu bahwa saya sebenarnya tidak benar-benar tahu banyak. Saya berharap tidak ada yang bisa melihat kepalsuan saya dan menyadari betapa sedikitnya yang saya ketahui, karena itu akan menghancurkan bisnis saya.

Seperti saya, Anda tidak akan pernah mengetahui semua yang diperlukan untuk mengembangkan bisnis menuju dampak kekal yang Tuhan kehendaki bagi Anda.

AKUI DIA DALAM SEGALA JALANMU

Apa arti dari "segala"?

Itu berarti ... SEGALA!

Segala berarti segala. Bukan sebagian. Bukan hanya beberapa. Bukan sekadar membuka pertemuan dengan doa. Bukan hanya berdoa untuk mendapatkan peningkatan. Bukan hanya berseru kepada-Nya di saat kesulitan, krisis keuangan, atau cedera karyawan.

Segala ... berarti segala.

Segala.

Saya mengulang hal ini karena yang tampak jelas sering kali tidak begitu nyata. Kita tahu bahwa kita harus mempercayai Tuhan dalam segala hal. Namun, saya mendapati bahwa melakukannya lebih mudah dalam keluarga, pernikahan, anak-anak, dan bahkan dalam pelayanan di gereja.

Selama bertahun-tahun, saya berjuang memahami konsep "segala" dalam bisnis saya. Kini, saya bisa mengatakan bahwa Yesus benar-benar memegang kendali penuh. Saat Dia mengarahkan semuanya, saya tidak lagi bergantung pada pemahaman sendiri, tetapi sepenuhnya bersandar pada pengertian-Nya.

DIA AKAN MENUNTUN JALAN KITA

Kata "akan" didefinisikan sebagai sesuatu yang dipastikan terjadi di masa depan. Tuhan tidak berkata...

- Mungkin

- Ketika Dia punya waktu

- Ketika Anda masuk dalam daftar orang baik-Nya

- Hanya ketika keadaan terlalu sulit untuk Anda tangani

- Setelah Dia memikirkannya

- Ketika Dia merasa ingin melakukannya

- Setelah Anda mencapai tingkat kedewasaan rohani tertentu

Ucapkan ini dengan lantang: "DIA AKAN MENUNTUN JALANKU!"

Ucapkan lagi.

Ayo, tidak ada orang di sekitar Anda sekarang. Ucapkan LAGI!Mengarahkan langkah Anda... itulah hadiah terbaik!

Anda harus mempercayai apa yang Anda dengar melalui keyakinan batin Anda dan tidak meragukannya.

4.5. KENAKAN PERLENGKAPAN SENJATA

Akhirnya, saudara-saudaraku, jadilah kuat di dalam Tuhan dan di dalam kekuatan kuasa-Nya. Kenakan seluruh perlengkapan senjata Allah, supaya kamu dapat bertahan melawan tipu muslihat Iblis. Karena perjuangan kita bukanlah melawan darah dan daging, melainkan melawan pemerintah-pemerintah, melawan penguasa-penguasa, melawan penghulu-penghulu dunia yang gelap ini, melawan pasukan-pasukan roh jahat di udara. Sebab itu, ambillah seluruh perlengkapan senjata Allah, supaya kamu dapat bertahan pada hari yang jahat dan tetap berdiri setelah kamu menyelesaikan segala sesuatu.

—Efesus 6:10–13

Setan adalah penguasa dunia ini dan mengendalikan banyak sistem bisnis. Saat Anda mulai melepaskan keunggulan tidak adil yang Anda miliki, musuh pasti akan menyerang. Itu sudah pasti.

Dalam buku Kyle Winkler yang menarik, *Silence Satan: Shutting Down the Enemy's Attacks, Threats, Lies, and Accusations*, ia menyatakan:

> Senjata yang diberikan kepada kita sebagai bagian dari perlengkapan Kristus membantu kita dalam berpikir. Setan mencoba masuk ke dalam hidup kita dengan berbagai alasan—mengapa Tuhan tidak dapat memakai kita, mengapa kesembuhan terasa mustahil, atau mengapa dosa-dosa kita terlalu besar untuk diampuni. Keraguan dan keputusasaan itulah yang digunakannya sebagai penghalang agar kita tidak hidup dalam kemenangan. [i]

Hal yang sama terjadi dalam dunia bisnis. Saat Anda mulai menggunakan keunggulan yang Tuhan berikan di pasar, musuh akan berusaha menghalangi dengan segala cara, menyerang Anda dan tim Anda.

Di dalam deskripsi Paulus tentang perlengkapan senjata, saya ingin Anda fokus pada tiga pemikiran penting:

1: SELURUH PERLENGKAPAN SENJATA

Perlengkapan senjata yang tidak lengkap tidak ada gunanya. Bayangkan seorang prajurit memasuki medan perang tanpa helm, ransel, sepatu bot, atau senjatanya. Demikian pula, bayangkan seorang 2% memasuki medan pertempuran di pasar yang dikuasai oleh musuh tanpa perlengkapan senjata yang lengkap dan siap menghadapi setiap serangan musuh.

Enam bagian dari seluruh perlengkapan senjata adalah:

- **Ikat Pinggang Kebenaran** – Firman Tuhan, tempat senjata lainnya terikat.

- **Baju Zirah Kebenaran** – Melindungi hati dan jiwa serta berfungsi sebagai simbol yang bersinar kepada musuh mengenai perlindunganmu.

- **Ketopong Keselamatan** – Melindungi pikiran, telinga, dan pemikiran.

- **Kasut Kerelaan Memberitakan Injil Damai Sejahtera** – Alas kaki yang siap berdiri teguh dan tidak kehilangan pijakan.

- **Perisai Iman** – Untuk menangkis panah api musuh dan melindungi seluruh tubuh dari serangan.

- **Pedang Roh** – Firman Tuhan, satu-satunya senjata serangan.

Paulus mengingatkan kita untuk mengenakan seluruh perlengkapan senjata, bukan hanya sebagian. Tanpa perlindungan yang lengkap, Anda akan menjadi sasaran empuk bagi musuh, yang selalu menyerang di titik terlemah.

Sadari bahwa lima dari bagian perlengkapan adalah alat pelindung; hanya satu yang merupakan senjata serangan. Jika ini adalah potensi perang rohani terhadap Anda dan bisnis Anda, mengapa hanya dibatasi dengan satu senjata serangan? Baca terus.

Tanpa perlengkapan yang lengkap, musuh akan dengan mudah menemukan titik terlemah dan menyerang di sana—itulah taktiknya yang paling umum.

2: BERDIRI TEGUH

Empat kali dalam penjelasannya tentang perlengkapan senjata Allah (Efesus 6:10–20), Paulus menekankan bahwa kita harus berdiri teguh, bukan bertarung. Ini menarik bagi saya—mengapa kita perlu mengenakan perlengkapan senjata jika tidak untuk berperang?

Winkler memberikan wawasan yang luar biasa mengenai mengapa Paulus mengajarkan kita untuk berdiri teguh. Dia menjelaskan bahwa tujuan dari mengenakan seluruh perlengkapan senjata adalah...

> ...untuk menemukan kekuatan dalam kuasa Tuhan sehingga kamu dapat berdiri teguh. Dia (Paulus) tidak mengatakan untuk mengenakan perlengkapan senjata untuk berperang, tetapi agar di dalam Tuhan kamu dapat mempertahankan kedudukan identitasmu dalam Kristus melawan kekuatan jahat yang berusaha menghancurkanmu.[ii]

Saat Anda mengenakan perlengkapan senjata, sadari bahwa tujuan utama bukanlah untuk maju berperang, melainkan untuk membungkus diri dalam kuasa Tuhan agar dapat bertahan (sekali lagi ... berdiri teguh) terhadap tipu muslihat dan penyesatan musuh.

3: TIPU DAYA

Di Taman Eden, musuh melontarkan kebohongan dan penipuan halus untuk menyesatkan Hawa dan Adam (Kejadian 3). Dia mencoba hal yang sama dengan Yesus selama 40 hari pencobaan-Nya (Matius 4). Taktik musuh tidak berubah selama 6.000 tahun. Dia akan melakukan hal yang sama pada Anda.

Dia akan membawa pikiran dan ide-ide kepadamu yang mungkin termasuk...

- "Anda tidak bisa melakukan ini."

- "Anda tidak punya tim atau sumber daya yang cukup."

- "Ini adalah hal paling gila yang pernah Anda coba."

- "Ini akan menghancurkan bisnis Anda."

- "Tidak ada yang akan mendukung Anda."

- "Apakah Anda sudah kehilangan akal sehat?"

- "Apa yang akan dipikirkan oleh pesaing Anda?"

- "Anda akan kehilangan banyak uang dan bahkan bisnis."

- "Tidak ada yang akan mengikuti Anda."

- "Anda bukan pemimpin yang cukup kuat untuk mewujudkan ini."

- "Apakah Anda benar-benar yakin ini dari Tuhan? Apakah Anda yakin?"

- "Anda tidak serius tentang ini... kan?"

- "Anda hanya membaca buku bisnis gila ini dan membuat kesalahan dengan mengikuti panduan penulisnya yang dianggap bodoh itu."

Anda mengerti arahnya.

Dan banyak dari ini hanyalah "senjata kecil" musuh dibandingkan dengan "ledakan dahsyat" yang mungkin Anda hadapi.

Anda mungkin tidak selalu menghadapi serangan, tetapi saat memimpin bisnis yang dipimpin oleh Roh, Anda harus mengenakan seluruh perlengkapan senjata Allah.

Inilah sebabnya mengapa penting untuk mengenakan seluruh perlengkapan senjata setiap hari saat Anda bersiap melepaskan keuntungan kompetitif yang tidak adil, sehingga Anda dapat berdiri teguh dalam kekuatan Kristus, bukan kekuatan sendiri.

Ini seperti kisah lama yang sering diceritakan di gereja tentang seorang nenek yang melihat iblis mengetuk pintunya. Dengan tenang, ia berbalik dan berkata lantang, "Yesus, itu untuk-Mu!"

SATU HAL LAGI: MUSUH HARUS LARI

*Karena itu tunduklah kepada Allah. Lawanlah iblis, maka ia
akan lari dari padamu.*

—Yakobus 4:7

Ketika Anda mengusir musuh dari bisnis Anda dalam nama Yesus,
dia tidak punya pilihan selain menaatinya!

Titik!

Tidak ada pilihan!

Oleh karena itu:

- Jangan menghadapi iblis di wilayahnya. Ingatkan
  bahwa dia sudah dikalahkan, lawan, dan dia harus
  pergi!

- Jangan mengandalkan kekuatan pikiran dalam
  peperangan rohani. Hadapi dengan Firman Tuhan,
  seperti yang dilakukan Yesus (Matius 4:1–11).

- Jangan biarkan ancaman musuh menimbulkan
  ketakutan. "Sebab Roh yang ada di dalam kamu
  lebih besar daripada roh yang ada di dalam dunia
  ini." (1 Yohanes 4:4).

- Jangan biarkan musuh bertahan di sekitar Anda
  atau tim Anda. Usir dia, dan dia akan pergi!

Sebagai Ringkasan, Ingatlah...

- Lebih dari sekadar doa.

- Lebih dari sekadar suara.

- Bersikaplah dengan sepenuh hati.

- Percayalah kepada Tuhan.

- Kenakan perlengkapan senjata setiap hari.

Setelah Anda menerapkan lima langkah persiapan ini, Anda siap melangkah ke tahap melepaskan kuasa Roh Kudus dalam bisnis Anda.

Jangan menganggap langkah-langkah ini sekadar teori atau melewatinya begitu saja. Resapkan dalam hati dan jiwa sebelum memasuki keuntungan kompetitif Anda. Dengan begitu, Anda membangun fondasi yang kuat bagi Roh Kudus untuk menyatakan hadirat-Nya melalui bisnis Anda!

DISKUSI KELOMPOK

Mengapa penting untuk meluangkan waktu mempersiapkan diri untuk dipimpin oleh Roh Kudus daripada langsung terjun begitu saja?

Apa tanggapan Anda terhadap pertanyaan kesadaran pribadi dan bisnis?

Langkah persiapan mana yang paling penting bagi Anda saat ini? Mengapa?

---

[i] Kyle Winkler, *Silence Satan: Shutting Down the Enemy's Attacks, Threats, Lies, and Accusations* (Lake Mary, FL: Passio, 2014), 150.

[ii] Ibid., 142.

5

LEPASKAN KEUNGGULAN TIDAK ADIL ANDA

Tetapi kamu akan menerima kuasa, kalau Roh Kudus turun ke atas kamu.

—Kisah Para Rasul 1:8a

ANDA TELAH MEMUTUSKAN UNTUK MELAKUKAN perubahan besar.

Anda tahu potensi hambatan di jalan.

Anda telah mempersiapkan diri untuk apa yang ada di depan.

Sekarang, Anda siap!

Bagian ini akan memandu Anda melalui enam kunci untuk melepaskan keuntungan tidak adil Anda. Saya merekomendasikan Anda menerapkannya sesuai urutan, karena mereka secara alami membangun satu sama lain menjadi proses yang kuat.

Berikut ini cara yang saya sarankan untuk menerapkan bagian ini:

Pertama, baca semua enam kunci tanpa membuat catatan. Dapatkan gambaran alur, konten, dan momentum yang dihasilkan.

Kedua, baca setiap bagian satu per satu, dan selesaikan latihan singkat di setiap bagian. Saya merekomendasikan Anda berkonsentrasi pada satu bagian per hari. Jangan terlalu cepat. Biarkan Roh Kudus menanamkan kebenaran ini secara mendalam ke dalam roh Anda.

Ketiga, setelah Anda meluangkan cukup waktu untuk memungkinkan Roh Kudus memperkuat kebenaran-kebenaran ini, maka Anda akan siap untuk melanjutkan ke Bab 6, "Teruskan."

5.1. LATIHAN

Latihan (v): melakukan sesuatu berulang kali untuk menjadi lebih baik dalam melakukannya; melakukan (sesuatu) secara teratur atau terus-menerus sebagai bagian biasa dari hidup Anda.

Kunci pertama untuk melepaskan kuasa Roh Kudus dalam bisnis Anda adalah berlatih.

Siapa pun yang pernah bermain olahraga kompetitif memahami betapa pentingnya latihan. Atlet profesional dalam olahraga apa pun menginvestasikan ratusan, bahkan ribuan jam dalam latihan yang serius, berkeringat, dan keras untuk menjadi yang terbaik yang mereka bisa.

Dalam bisnis, program pelatihan dan pengembangan profesional memberikan banyak sesi latihan sebelum karyawan menerapkannya di tempat kerja. Perusahaan jasa profesional menghabiskan waktu untuk melatih cara menangani panggilan sebelum perwakilan benar-benar berinteraksi dengan pelanggan. Pelatih penjualan juga mengadakan simulasi wawancara untuk mengajarkan tenaga penjualan cara mendengarkan dan menutup kesepakatan dengan klien potensial.

Dalam buku saya, *The Impacter: A Parable on Transformational Leadership*, saya mengajarkan bahwa keyakinan—atau iman pada kemampuan Anda—berasal dari kompetensi, yaitu keterampilan yang terasah seiring waktu. Semakin sering Anda berlatih, semakin terampil Anda. Semakin terampil, semakin kuat keyakinan Anda terhadap diri sendiri.

Hal yang sama berlaku ketika kita ingin melepaskan kuasa Roh Kudus dalam bisnis kita.

Berikut ini tiga cara terbaik untuk berlatih: Mengidentifikasi saksi, Memulai dari yang kecil, Menyempurnakan keterampilan.

MENGIDENTIFIKASI SAKSI

Pendeta atau guru Anda membagikan kebenaran yang kuat, dan sesuatu di dalam diri Anda berkata, "Ya! Itu bagus! Itu benar!" Anda bahkan mungkin mengatakannya dengan lantang seperti yang sering saya lakukan!

Ketika Roh Kudus mendengar suatu kebenaran, Dia mengkonfirmasinya di dalam diri Anda. Roh Anda merasakan kebenaran yang baru saja diucapkan itu.

Itulah saksi internal Anda.

Roh yang sama yang menjadi saksi bagi Anda dalam kebaktian gereja juga tersedia bagi Anda di tempat kerja.

Sangat penting untuk terus berlatih merasakan saksi internal Anda, bahkan jika Anda sudah sepenuhnya terhubung dengan Roh Kudus di dalam diri Anda.

Kita tidak akan pernah cukup dalam mengenali kesaksian batin Anda!

Renungkan saat-saat di tempat kerja ketika saksi Anda—pengetahuan batin itu—benar-benar dalam damai. Apakah itu saat Anda...

- Memulai bisnis Anda?

- Meluncurkan proyek besar?

- Mempekerjakan lebih banyak orang?

- Mengganti subkontraktor?

- Membeli peralatan besar?

- Menandatangani kontrak itu?

- Menantang seorang karyawan untuk meningkatkan kinerjanya dan bekerja sesuai potensinya?

- Menandatangani kontrak dengan penasihat atau pelatih?

Kemudian, ada kalanya Anda dapat melihat kembali dan berkata, "Saya tahu seharusnya saya tidak:"

- Memulai bisnis Anda?

- Meluncurkan proyek besar itu!

- Mempekerjakan lebih banyak orang!

- Mengganti subkontraktor!

- Membeli peralatan itu!

- Menandatangani kontrak itu!

- Menantang karyawan itu untuk meningkatkan kinerjanya!

- Menandatangani kontrak dengan penasihat atau pelatih itu!

Dalam semua kasus ini, sangat mungkin Roh Kudus sudah bekerja di dalam diri Anda, mendorong Anda untuk membuat keputusan yang tepat dan memperingatkan Anda untuk tidak membuat keputusan yang salah.

Diperlukan upaya yang fokus dan niat untuk terus mengenali kesaksian batin. Jika Anda tidak secara aktif mencari tuntunan Roh Kudus dalam mengambil keputusan bisnis, Anda akan mudah kembali pada cara-cara dunia dalam memimpin.

Semakin sering Anda berlatih, semakin mudah bagi Anda untuk mengidentifikasi saksi tersebut.

MULAILAH DARI HAL KECIL

Berikanlah kami pada hari ini makanan kami yang secukupnya.

—Matius 6:11

Cara ini adalah latihan yang sangat baik, terutama jika Anda baru mulai belajar membedakan suara Roh Kudus. Izinkan saya memberikan contoh betapa mudahnya memulai dari hal kecil. Ketika pertama kali saya memahami konsep latihan ini, saya benar-benar memulainya dari hal kecil. Ada satu pengalaman yang sangat berkesan.

Saya sering berbicara di hadapan komunitas bisnis dan gereja mengenai keunggulan kita yang tidak adil. Salah satu contoh latihan yang paling sering diingat oleh banyak orang adalah ketika memesan makanan di restoran. Inilah yang saya ajarkan.

Kita semua memiliki restoran favorit dengan satu atau dua menu andalan yang selalu kita pesan. Lain kali Anda pergi ke restoran itu, daripada langsung memesan makanan yang biasa Anda pilih, berhentilah sejenak, lihat menu, dan tanyakan kepada Roh Kudus, "Apa yang Engkau sarankan untuk aku pesan?"

Mengapa saya menyarankan Anda untuk mencoba latihan ini saat makan di restoran?

- Roh Kudus sudah tahu makanan favorit Anda.

- Dia juga tahu ada makanan lain dalam menu yang mungkin Anda sukai, meskipun Anda belum pernah mencobanya!

- Dia dapat menghindarkan Anda dari makanan yang buruk, tidak sehat, atau bahkan mengandung kuman.

Saya pernah menyampaikan pesan ini di gereja saya, dan dalam kebaktian berikutnya, seorang wanita muda yang mendengar khotbah saya datang berlari dengan kesaksian yang luar biasa.

Dia menceritakan bahwa perutnya sangat sensitif, hingga hampir semua makanan dapat memicu rasa sakit luar biasa dan ketidaknyamanan selama berhari-hari. Setelah mendengar pesan saya, dia dan suaminya memutuskan makan di restoran favorit mereka. Mengapa di sana? Karena dia tahu ada dua menu yang aman dan tidak akan menyebabkan masalah pada perutnya.

Namun kali ini, dia melihat menu dan berkata kepada Roh Kudus, "Baiklah, Saya akan mencoba apa yang Jim ajarkan hari ini. Roh Kudus, apa yang harus kupesan?"

Dia mengambil risiko dan mempercayai Roh Kudus dalam keputusannya.

Saat tiba di bagian ini dalam kesaksiannya, matanya berbinar, senyum lebar terpancar di wajahnya, lalu dia berseru, "Saya memesan sesuatu yang belum pernah saya coba sebelumnya, dan saya TIDAK MENGALAMI REAKSI BURUK! Sekarang saya tahu bisa pergi ke restoran mana pun, dan Roh Kudus akan menuntun saya memilih makanan yang baik dan lezat. Ini benar-benar membuka dunia pilihan baru bagi saya!"

Dia sangat bersukacita.

Tentu saja, bukan saya yang melakukan ini, melainkan dia sendiri yang belajar mempercayai Roh Kudus dengan memulai dari hal kecil.

Jadi, bagaimana Anda bisa memulai dari hal kecil dalam pekerjaan Anda? Beberapa cara termasuk bertanya kepada Roh Kudus:

- "Apakah saya harus bertemu orang ini hari ini atau di lain waktu?"

- "Perlukah saya menghadiri rapat ini?"

- "Apakah saya harus menelepon pelanggan ini?"

- "Haruskah layanan atau produk ini ditambahkan ke bisnis kami?"

- "Sebaiknya saya mengerjakan ini sekarang atau nanti?"

- "Lebih baik saya datang lebih awal besok atau pulang lebih lambat malam ini untuk menyelesaikan proyek ini?"

Ada banyak pertanyaan lain yang bisa Anda tambahkan ke daftar ini, tetapi Anda sudah memahami intinya. Kemungkinan untuk memulai dari hal kecil tidak terbatas.

Saya mendorong Anda untuk memulai dengan peluang kecil yang berisiko rendah agar dapat berlatih dan membangun kepercayaan dalam mengenali kesaksian di dalam diri Anda. Percayalah... Roh Kudus akan senang saat Anda berniat mencari-Nya, dan Dia akan semakin menyatakan diri-Nya kepada Anda seiring Anda terus berlatih.

MENYELARASKAN KEPEKAAN

Anda dikelilingi oleh begitu banyak kebisingan rohani. Iblis terus-menerus berusaha berbicara kepada Anda, membombardir Anda dengan suara dan pesan yang tak henti-hentinya dari dunia yang berada di bawah kendalinya.

Saat Anda mulai berlatih, Anda akan mengalami beberapa keberhasilan ("pesan makanan itu") dan beberapa kegagalan. Sering kali, kita belajar lebih banyak melalui kegagalan dibandingkan keberhasilan kita. Dalam latihan ini, kita harus belajar untuk menyelaraskan kepekaan kita—artinya, kita harus belajar sebanyak mungkin, baik dari keberhasilan maupun kegagalan kita.

Saya merasa dipimpin oleh Roh Kudus untuk membagikan dua pengalaman terbesar dalam hidup yang membantu saya melatih pendengaran rohani agar lebih peka membedakan suara-Nya di dalam diri saya.

Pertama, mari saya bagikan keberhasilan besar saya. Anda sedang memegangnya di tangan Anda!

Meskipun saya hampir selesai menulis buku lanjutan dari seri *The Impacter*, saya menemui hambatan. Pada awalnya, saya tidak yakin apakah hambatan ini berasal dari diri saya sendiri atau justru berasal dari Roh Kudus.

Saya segera menyadari bahwa itu adalah kesaksian Roh, bukan dari keinginan daging saya atau tipu daya iblis (*hasil dari latihan*).

Suatu pagi, saat saya bertanya kepada Roh Kudus apa yang harus saya lakukan, Dia berbicara kepada saya—bukan melalui suara yang terdengar, melainkan melalui suatu keyakinan di dalam hati saya—"Tulislah sebuah buku untuk mengajarkan umat-Ku di dunia bisnis bagaimana Aku mengajarimu untuk mendengar suara-Ku."

Saat itu juga, saya menunda buku yang sedang saya tulis dan mulai menulis *Keunggulan Kita Yang Tidak Adil*.

Saat saya menuliskan naskah ini di bawah tuntunan Roh Kudus, tidak diragukan lagi bahwa ini adalah buku yang paling dinanti dari 14 buku yang pernah saya tulis sebelumnya!

Dan tanpa ragu, ini adalah pekerjaan paling memuaskan, paling menyenangkan, dan paling penting dalam hidup saya.

Hanya melalui latihan-latihan sebelumnya, saya dapat memastikan bahwa itu memang suara Roh Kudus. Dan saya langsung taat.

Sekarang, mari saya bagikan kegagalan besar saya.

Beberapa tahun lalu, saya dan istri mengunjungi putra kami di sekolah Kristen khusus laki-laki di negara bagian lain. Pada hari terakhir kunjungan, saya mengenakan salah satu benda kesayangan saya: sebuah kaos polo University of Louisville National Championship yang baru, hadiah dari saudara perempuan dan saudara laki-laki saya. Saya tumbuh di sebuah kota kecil di selatan Louisville, Kentucky, dan bermain basket sepanjang masa sekolah menengah. Karena itu, saya adalah penggemar berat tim ini.

Sudah 18 tahun sejak *University of Louisville* memenangkan kejuaraan nasional pertama mereka, jadi mengenakan kaos ini adalah sesuatu yang sangat istimewa bagi saya.

Beberapa menit sebelum kami meninggalkan sekolah anak kami, salah satu teman putra kami datang dan berbincang dengan kami. Anak laki-laki berusia 17 tahun yang tinggi dan kurus ini sangat antusias melihat kaos yang saya kenakan. Ternyata, dia berasal dari Louisville dan, seperti saya, adalah penggemar berat tim tersebut. Kami berbicara tentang para pemain, kemenangan mereka, dan betapa senangnya kami karena tim ini kembali menjadi juara nasional.

Tiba-tiba, saya mendengar sebuah suara di dalam hati saya— bukan suara yang terdengar, tetapi kesaksian di dalam diri saya— berkata, "Berikan kaos itu kepadanya!"

Reaksi pertama saya adalah, "Pasti ini bukan suara Tuhan. Mengapa Dia ingin aku memberikan kaos favoritku kepada seorang anak yang bahkan tidak kukenal?"

Saat anak itu berjalan pergi, saya kembali mendengar suara itu, "Berikan kaos itu kepadanya. Kamu masih punya banyak baju bersih di bagasi mobilmu."

Kenyataannya, saya ragu-ragu. Saya hanya mengucapkan selamat tinggal kepada putra saya dan pergi ... masih mengenakan kaos kesayangan saya.

Kurang dari lima menit kemudian, saya menoleh kepada istri saya, Brenda, dan menceritakan apa yang terjadi. Dia langsung setuju dengan Roh Kudus bahwa saya seharusnya memberikan kaos itu kepada anak laki-laki tadi.

Namun, alih-alih berbalik dan kembali, saya malah pulang ke rumah. Begitu tiba di rumah, saya mencuci kaos itu, mengemasnya, lalu mengirimkannya kepada anak laki-laki dari Louisville tersebut. Saya juga menyertakan sebuah catatan yang menyatakan bahwa ketidaktaatan saya yang tertunda adalah kesalahan. Saya mengatakan kepadanya bahwa saya telah bertobat kepada Tuhan, meminta maaf kepadanya, dan berdoa agar kaos itu menjadi berkat baginya.

Beberapa waktu kemudian, putra saya memberi tahu saya bahwa anak itu sangat menyukai kaos tersebut hingga jarang melepasnya.

Bagi saya, ini adalah momen yang begitu jelas—"Aku tahu seharusnya memberikannya." Seperti Anda, kita semua pernah mengalaminya dalam hidup dan karier.

Dari kegagalan ini, saya belajar banyak pelajaran berharga, termasuk…

- Bagaimana mengenali suara Roh Kudus yang unik dan kuat di dalam hati saya

- Betapa pentingnya untuk segera bertindak ketika mendapatkan dorongan dari-Nya

- Perbedaan antara berkat dari ketaatan langsung dan beban akibat ketaatan yang tertunda

Kenali kesaksian Anda. Mulailah dari hal kecil. Lalu, selaraskan kepekaan Anda.

Semua ini memerlukan latihan—dan itu harus dilakukan dengan niat.

Seiring waktu, latihan ini akan menguatkan kepekaan rohani Anda untuk mendengar bisikan Roh Kudus dengan lebih jelas di dalam diri Anda.

Berikut adalah rencana tindakan untuk membantu Anda memulai latihan ini.

RENCANA TINDAKAN UNTUK BERLATIH

Buat daftar lima keputusan yang perlu Anda ambil untuk bisnis Anda. Jawablah pertanyaan-pertanyaan berikut sambil mendengarkan suara-Nya membimbing Anda. Catat apa yang Anda pelajari.

Keputusan #1: _____

Bagaimana Anda mulai mendengarkan?

Bagaimana Anda menyelaraskan kepekaan Anda?

Apa yang Anda pelajari?

Keputusan #2: _____

Bagaimana Anda mulai mendengarkan?

Bagaimana Anda menyelaraskan kepekaan Anda?

Apa yang Anda pelajari?

Keputusan #3: _____

Bagaimana Anda mulai mendengarkan?

Bagaimana Anda menyelaraskan kepekaan Anda?

Apa yang Anda pelajari?

Keputusan #4: _____

Bagaimana Anda mulai mendengarkan?

Bagaimana Anda menyelaraskan kepekaan Anda?

Apa yang Anda pelajari?

Keputusan #5: _____

Bagaimana Anda mulai mendengarkan?

Bagaimana Anda menyelaraskan kepekaan Anda?

Apa yang Anda pelajari?

5.2. PERIKSA SEBELUM BERTINDAK

> *Periksa (n): penghentian mendadak dari suatu proses atau kemajuan; jeda atau gangguan tiba-tiba dalam suatu perkembangan; tindakan menguji atau memverifikasi.*

Kunci kedua untuk melepaskan kuasa Roh Kudus dalam bisnis Anda adalah dengan memeriksa sebelum bertindak.

Cara seseorang mengambil keputusan selalu menarik bagi saya. Apa saja yang memengaruhinya? Bagaimana pesan persuasif dan lingkungan sekitar berperan dalam proses tersebut?

Selama studi pascasarjana saya dalam bidang komunikasi manusia, saya berfokus pada variabel interpersonal dan psikologis dalam pengambilan keputusan kelompok kecil. Saya menghabiskan bertahun-tahun mempelajari secara mendalam dan meneliti berbagai topik seperti...

- Pencarian konsensus

- Gaya kepemimpinan dan penggunaan kekuasaan dalam kelompok

- Dinamika komunikasi non-verbal

- Komunikasi antar-ras dan lintas budaya

- Pemikiran kelompok

- Retorika Aristoteles, termasuk pengaruh ethos, pathos, dan logos

- Kekuatan penalaran deduktif, induktif, dan analogi

- Dampak kecemasan komunikasi dalam proses pengambilan keputusan dalam kelompok pemecahan masalah pria dan wanita

Percaya atau tidak, topik terakhir itu adalah fokus dari tesis master dan disertasi Ph.D. saya. Bacaan yang luar biasa untuk mengatasi insomnia!

Dengan begitu banyak tahun yang dihabiskan untuk studi mendalam, belajar dari beberapa pemikir akademik terbaik di dunia, serta menerbitkan berbagai tulisan profesional, kini saya melihat ke belakang dengan satu kesimpulan utama...

Wow, saya benar-benar salah!

Selama 20 tahun terakhir, saya meneliti bagaimana pemimpin dan pengambil keputusan terbesar sepanjang masa, Yesus, membuat keputusan.

Apakah pemimpin dan pemikir bisnis terbesar sepanjang masa pernah...

- Mencari konsensus atau suara mayoritas dari murid-murid-Nya?

- Merenungkan karya Socrates, Aristoteles, atau Plato?

- Memikirkan secara mendalam dinamika interpersonal dari kata-kata-Nya?

- Membentuk kelompok fokus pelanggan untuk mengungkap tren dan preferensi?

- Mencari pakar berbiaya tinggi untuk mendapatkan kebijaksanaan mereka?

Tidak, Yesus memiliki proses pengambilan keputusan yang sepenuhnya baru, inovatif, dan belum pernah terdengar sebelumnya.

Dia selalu, dalam setiap situasi, memeriksa dengan Roh Allah sebelum bertindak.

> Maka Yesus menjawab mereka, kata-Nya: 'Aku berkata kepadamu, sesungguhnya Anak tidak dapat mengerjakan sesuatu dari diri-Nya sendiri, jikalau tidak melihat Bapa mengerjakannya; sebab apa yang dikerjakan Bapa, itu juga yang dikerjakan Anak. Sebab Bapa mengasihi Anak dan menunjukkan kepada-Nya segala sesuatu yang dikerjakan-Nya sendiri; dan Ia akan menunjukkan kepada-Nya pekerjaan-pekerjaan yang lebih besar lagi dari pada pekerjaan-pekerjaan itu, supaya kamu menjadi heran.' (Yohanes 5:19–20)

Yesus selalu memeriksa dengan Roh Allah Bapa, Roh Kudus!

> Sebab Aku tidak berkata-kata dari diri-Ku sendiri, tetapi Bapa yang mengutus Aku, Dialah yang memerintahkan Aku untuk mengatakan apa yang harus Aku katakan dan Aku sampaikan. Dan Aku tahu, bahwa perintah-

Nya itu adalah hidup yang kekal. Jadi apa yang Aku katakan, Aku menyampaikannya sebagaimana yang difirmankan Bapa kepada-Ku. (Yohanes 12:49–50)

Tidak percayakah engkau, bahwa Aku di dalam Bapa dan Bapa di dalam Aku? Apa yang Aku katakan kepadamu, tidak Aku katakan dari diri-Ku sendiri, tetapi Bapa, yang diam di dalam Aku, Dialah yang melakukan pekerjaan-Nya. (Yohanes 14:10)

Yesus selalu memeriksa dalam diri-Nya sebelum melakukan atau mengatakan sesuatu.

Berikut adalah tiga cara sederhana untuk melatih diri Anda dalam memeriksa sebelum bertindak: melambat, menyingkirkan gangguan luar, dan melakukan satu pemeriksaan terakhir.

MELAMBAT

Pernah mendengar frasa-frasa bisnis ini?

- "Yang cepat akan memakan yang lambat."
- "Bergerak cepat atau mati."
- "Ini mendesak."
- "Saya butuh ini selesai kemarin."
- "Percepat, jangan memperlambat kami."
- "Mereka tidak bekerja cukup cepat."
- "Kita tidak punya waktu seharian."
- "Cepatlah!"
- "Lakukan saja!"

Dalam dunia bisnis, kita dibombardir setiap hari dan setiap jam dengan tugas-tugas atau keputusan yang tampaknya sangat mendesak dan harus segera diselesaikan. Kita dengan mudah berdamai dengan keyakinan keliru, "Ya, memang begitulah dunia bisnis."

Saya sering terjebak dalam pola ini. Saat menjalankan bisnis kecil di bidang pembangunan rumah, tekanan untuk segera mendapatkan pencairan dana dari bank demi membayar tim tukang kayu membuat saya berpindah dari satu proyek ke proyek lain, menyelesaikan tahap yang paling cepat agar dana berikutnya bisa cair. Pemilik perusahaan tidak pernah memahami mengapa saya tampak bekerja tanpa pola yang jelas, berpindah-pindah antar proyek, alih-alih menuntaskan satu rumah sebelum beralih ke yang berikutnya.

Saat melihat kembali, saya menyadari bahwa uang benar-benar menjadi pendorong utama—saya terburu-buru demi pencairan dana secepat mungkin. Namun, dengan tanggung jawab membayar gaji karyawan, termasuk diri saya sendiri, serta subkontraktor, saya tidak melihat pilihan lain.

Saya berharap seseorang saat itu mengajari saya untuk melambat, seperti yang dilakukan Yesus.

> Lalu ahli-ahli Taurat dan orang-orang Farisi membawa kepada-Nya seorang perempuan yang kedapatan berbuat zina. Mereka menempatkan perempuan itu di tengah-tengah, lalu berkata kepada Yesus: "Rabi, perempuan ini tertangkap basah saat berbuat zina. Musa dalam hukum Taurat memerintahkan kita untuk melempari perempuan semacam ini dengan batu. Tetapi bagaimana pendapat-Mu?" Mereka mengatakan hal itu untuk mencobai Dia, supaya mereka memperoleh sesuatu untuk menyalahkan-Nya. Tetapi Yesus membungkuk dan menulis dengan jari-Nya di tanah, dan seolah-olah tidak mendengar mereka. Ketika mereka terus-menerus bertanya kepada-Nya, Ia pun bangkit berdiri dan berkata kepada mereka, "Barangsiapa di antara kamu tidak berdosa, hendaklah

ia yang pertama melemparkan batu kepada perempuan itu." Lalu Ia membungkuk lagi dan menulis di tanah. Setelah mendengar perkataan itu, mereka pun pergi satu per satu, mulai dari yang tertua hingga yang terakhir, sehingga tinggallah Yesus seorang diri dengan perempuan itu yang tetap berdiri di tempatnya. (Yohanes 8:3–9)

Inilah situasinya: Para pemimpin agama masuk dengan kasar ke pelataran Bait Suci tempat Yesus sedang mengajar kerumunan besar. Mereka mempermalukan seorang wanita di depan umum dan menuntut Yesus untuk segera memberikan jawaban di hadapan semua orang.

Semua orang bisa melihat betapa seriusnya ancaman mereka—secara harfiah—karena mereka sudah memegang batu di tangan, siap untuk membunuh wanita itu, atau bahkan Yesus sendiri.

Mereka berusaha memaksa Yesus masuk ke dalam dilema: menghukum mati wanita itu sesuai hukum atau membebaskannya dan melanggar hukum.

Lalu, bagaimana Yesus menanggapi situasi yang mengancam nyawa ini?

Dia berlutut dan menulis di tanah ... dan tidak mengatakan sepatah kata pun!

Hal itu semakin membuat marah para pemimpin agama. Kita bisa merasakan kemarahan mereka ketika mereka kembali mendesak Yesus untuk memberikan jawaban: "Apa pendapat-Mu? Hukum mati atau bebaskan? Pilihan A atau Pilihan B? Jawablah ... SEKARANG!"

Bagaimana Yesus menanggapi situasi yang bahkan lebih menekan ini?

Dia tetap menulis di tanah.

Ketika, dan hanya ketika, Yesus benar-benar siap untuk menjawab, Ia bangkit dan berkata (dalam kata-kata saya), "Aku memilih Pilihan C ... Silakan, bunuh dia, jika kalian sendiri tidak pernah berbuat dosa." Lalu Ia kembali berlutut dan melanjutkan menulis di tanah.

Apa yang Yesus lakukan saat pertama kali berlutut? Mengapa Ia melakukannya? Apa yang sedang Ia pikirkan? Mengapa Ia tidak langsung berbicara?

Saya percaya bahwa Yesus melambat untuk bertanya kepada Roh Kudus yang hidup di dalam-Nya, "Roh, apa yang Engkau ingin Aku katakan dan lakukan?"

Saya yakin Ia mengikuti setiap arahan Roh Kudus. Mungkin salah satunya adalah, "Tunggu sebentar. Biarkan mereka merasakan tekanan itu sedikit lebih lama."

Tidak ada cara manusiawi atau rasional untuk bisa menghasilkan jawaban seperti itu. Jawaban tersebut bersifat ilahi. Hanya Roh Kudus yang dapat memberikan-Nya jawaban itu.

Satu-satunya penjelasan logis untuk jawaban-Nya yang luar biasa dan melampaui pemikiran manusia adalah bahwa jawaban itu memang berasal dari Roh yang luar biasa dan melampaui dunia ini.

Sama seperti Yesus yang melambat untuk memeriksa suara Roh dalam situasi yang mengancam nyawa, Anda pun dapat melambat dan memeriksa suara Roh dalam setiap situasi bisnis yang Anda hadapi.

MENUTUP PENGARUH LUAR

Orang-orang yang mengepung Yesus menuntut jawaban—dan mereka menginginkannya saat itu juga. Tekanan yang mereka berikan berasal dari luar.

Jika Yesus membiarkan tekanan situasi itu memimpin-Nya, Ia bisa saja mengambil keputusan yang terburu-buru dan fatal. Namun, Ia memilih untuk dipimpin dari dalam, tempat Roh Kudus berkuasa.

Kita semua yang terjun dalam dunia bisnis pasti pernah merasakan tekanan semacam itu. Kita semua pernah didorong untuk melakukan hal-hal seperti...

- Menandatangani kontrak sebelum tenggat waktu berakhir

- Merekrut seseorang hanya untuk mengisi posisi kosong, bukan karena ia benar-benar dapat membantu pertumbuhan bisnis

- Memberikan terlalu banyak potongan keuntungan hanya demi menutup sebuah kesepakatan

- Membuat keputusan cepat dalam rapat hanya karena itu yang diharapkan orang lain

- Setuju untuk menghadiri pertemuan atau makan siang meskipun sebenarnya tidak punya keinginan, waktu, atau dana untuk itu

- Menyusun proposal secara tergesa-gesa dan asal-asalan hanya karena calon klien menginginkannya segera

Itulah daftar saya—momen-momen ketika saya membiarkan diri saya dipimpin oleh tekanan luar dan gagal menutup pengaruh tersebut. Mungkin Anda juga pernah mengalami hal serupa.

Anda mungkin bertanya, "Jadi, Jim, apakah maksud Anda kami harus mengabaikan semua faktor eksternal dan hanya mendengarkan suara dari dalam sebelum mengambil keputusan bisnis?" Tidak, tentu saja tidak.

Tuhan telah memberikan kita akal untuk membaca, meneliti, menganalisis, merenung, mencari fakta, menilai, dan menggali informasi. Ia mengharapkan kita menggunakan kecerdasan yang telah Ia berikan semaksimal mungkin agar kita dapat memahami segala sesuatu dengan sebaik-baiknya.

Namun, setelah Anda melakukan semua yang bisa Anda lakukan, sebelum mengambil keputusan akhir untuk bertindak, dengarkan lagi suara dari dalam—tempat Roh Allah berdiam.

Ingat, Roh Kudus membimbing Anda dari dalam. Musuh berusaha menekan Anda dari luar!

Anda harus selalu mengesampingkan suara-suara dari luar yang berusaha memberi tekanan dan lebih memilih untuk mengikuti dorongan Roh Kudus.

PEMERIKSAAN AKHIR

Pemeriksaan akhir sering kali merupakan verifikasi cepat bahwa Anda telah mendengar suara Roh Kudus dengan benar. Ini bukan upaya untuk menunda atau menangguhkan tindakan, melainkan dorongan sederhana untuk meluangkan waktu sejenak melakukan satu pemeriksaan terakhir di dalam diri.

Dalam pelayanan bisnis, saya sering bepergian ke berbagai wilayah di Amerika Serikat dan sesekali ke luar negeri untuk memberi nasihat, berbicara, dan bekerja dengan para pemimpin bisnis. Saat duduk di pesawat menunggu lepas landas, saya kerap melihat ke luar jendela dan memperhatikan salah satu pilot dengan saksama memeriksa badan pesawat, sayap, serta roda pendaratan sebelum berangkat. Sebagai penumpang, ini memberi saya rasa tenang—melihat pemimpin penerbangan meluangkan waktu untuk memastikan semuanya dalam kondisi baik sebelum perjalanan dimulai.

Bahkan jika penerbangan sedikit tertunda karena pemeriksaan keselamatan pilot, apakah saya akan marah? Tentu tidak. Saya justru bersyukur karena kru penerbangan menghormati profesi mereka dengan memastikan, sejauh yang mereka bisa, bahwa pesawat akan beroperasi dengan aman.

Saya selalu menyarankan kepada rekan-rekan dalam pelayanan bisnis untuk menyingkirkan sejenak semua data, laporan, dan dokumen sebelum mengambil keputusan penting. Luangkan waktu di tempat yang tenang dan tanyakan kepada Roh Kudus langkah yang harus diambil.

Sering kali, pemeriksaan akhir ini:

- Mengeluarkan Anda dari lingkungan yang penuh tekanan

- Meyakinkan Anda bahwa keputusan yang diambil adalah yang terbaik

- Membangun lebih banyak kepercayaan diri dan kejelasan dalam roh Anda mengenai kebaikan keputusan tersebut

Dengan demikian, Anda dapat bertindak dengan rasa damai atas keputusan yang telah dibuat.

RENCANA TINDAKAN: PERIKSA SEBELUM BERTINDAK

Kunci kedua untuk melepaskan kuasa Roh Kudus dalam bisnis Anda adalah dengan memeriksa sebelum bertindak. Maka…

- Melambat.

- Menutup Pengaruh Luar.

- Pemeriksaan Akhir.

Selama seminggu ke depan, terapkan tiga langkah penting ini dalam proses pengambilan keputusan. Gunakan rencana tindakan ini untuk memperjelas bagaimana prinsip "Periksa Sebelum Bertindak" dapat diterapkan dalam setiap keputusan. Langkah sederhana ini akan membantu membangun keyakinan bahwa Roh Kuduslah yang membimbing setiap keputusan Anda.

Keputusan #1: _____

Bagaimana Anda memperlambat langkah?

Bagaimana Anda menutup gangguan dari luar?

Apa yang dikonfirmasi oleh pemeriksaan akhir?

Keputusan #2: _____

Bagaimana Anda memperlambat langkah?

Bagaimana Anda menutup gangguan dari luar?

Apa yang dikonfirmasi oleh pemeriksaan akhir?

Keputusan #3: _____

Bagaimana Anda memperlambat langkah?

Bagaimana Anda menutup gangguan dari luar?
Apa yang dikonfirmasi oleh pemeriksaan akhir?

Keputusan #4: _____

Bagaimana Anda memperlambat langkah?

Bagaimana Anda menutup gangguan dari luar?

Apa yang dikonfirmasi oleh pemeriksaan akhir?

Keputusan #5: _____

Bagaimana Anda memperlambat langkah?

Bagaimana Anda menutup gangguan dari luar?

Apa yang dikonfirmasi oleh pemeriksaan akhir?

5.3. Carilah Kesaksian

Kesaksian (n): Pernyataan yang menguatkan suatu fakta atau peristiwa; seseorang yang memiliki pengetahuan langsung tentang sesuatu.

Kunci ketiga untuk melepaskan kuasa Roh Kudus dalam bisnis Anda adalah mencari kesaksian.

Banyak kasus kriminal di Amerika diputuskan berdasarkan kesaksian satu orang—seseorang yang ada di tempat kejadian dan mengetahui peristiwa yang sebenarnya. Kesaksian ini dapat mengonfirmasi kebenaran. Bahkan dengan bukti yang bertentangan, pernyataan satu saksi sering kali lebih kuat daripada pendapat puluhan pakar yang tidak menyaksikan kejadian secara langsung.

Hal yang sama berlaku bagi roh Anda—satu saksi sejati, yang mahakuasa, maha mengetahui, dan menjadi kesaksian batin bagi Anda.

SAKSI YANG BENAR

Saksi yang setia tidak akan berdusta, tetapi saksi dusta
menyuarakan kebohongan.

—Amsal 14:5

Pernahkah seseorang berbohong kepada Anda di tempat kerja? Seorang karyawan? Atasan? Vendor? Pelanggan?

Tentu saja. Jika Anda telah menjalankan bisnis lebih dari 24 jam, kemungkinan besar seseorang sudah pernah menyampaikan kebohongan—baik kecil maupun besar.

Tetapi bagaimana Anda tahu itu adalah kebohongan? Apa yang memberi tahu Anda bahwa orang tersebut tidak berkata jujur? Apa yang membantu Anda melihat melalui kebohongan itu?

Jawabannya sederhana: Anda sudah mengetahui kebenarannya.

Baik itu berupa angka keuangan atau operasional, riwayat transaksi, elemen yang hilang dalam sebuah laporan, atau bahkan informasi dari orang lain—sesuatu di dalam diri Anda sudah memiliki pemahaman tentang kebenaran. Maka, mudah bagi Anda untuk mengenali kepalsuan.

Dalam banyak situasi, Roh Kudus—Saksi sejati di dalam Anda—yang memastikan apakah suatu pernyataan benar atau tidak.

Namun, ada kalanya kita semua bisa tertipu. Kita mendengar sesuatu dan berpikir, "Saya tidak tahu. Itu terdengar masuk akal. Bisa saja memang begitu. Saya tidak yakin, dan saya tidak ingin menuduh seseorang tanpa bukti yang jelas."

Kapan kita bisa tertipu? Ketika kita kembali pada kebiasaan lama—dipimpin oleh logika, gagasan, atau perasaan kita sendiri, bukan oleh Roh Kudus.

Jadi, bagaimana cara membedakan antara saksi yang benar dan saksi yang palsu?

Saksi yang benar memberi Anda:

- Damai sejahtera (Filipi 4:7)

- Kesatuan (Efesus 4:3)

- Kesabaran (Galatia 5:5)

- Kekuatan (Efesus 3:16)

- Wawasan (1 Korintus 2:10, 13)

- Sukacita (1 Tesalonika 1:6)

- Penghiburan (Kisah Para Rasul 9:31)

- Buah Roh (Galatia 5:22–23)

Saksi yang palsu menyebabkan Anda:

- Kegelisahan

- Ketidaknyamanan

- Kecemasan

- Kelemahan

- Kebingungan

- Ketakutan

- Ketidakpastian

- Stres

Keputusan terbaik Anda selalu mengandung lebih banyak elemen dari daftar pertama daripada daftar kedua.

Saat Anda mencari kesaksian dalam suatu keputusan, ingatlah daftar ini. Gunakan sebagai pengingat untuk dengan cepat membedakan antara saksi yang benar dan saksi yang palsu.

Ingatlah, Roh Kudus akan membimbing Anda ke dalam seluruh kebenaran (Yohanes 16:13). Anda hanya perlu mencari satu saksi—saksi sejati dari Roh Kudus.

SATU SAKSI SUDAH CUKUP

Roh itu bersaksi bersama-sama dengan roh kita, bahwa kita adalah anak-anak Allah.

—Roma 8:16

Sebuah pepatah bisnis yang umum tentang kepemimpinan mengatakan, "Semakin tinggi jabatan, semakin sepi perjalanan."

Sebagai seorang pemimpin bisnis, setiap hari Anda membuat puluhan keputusan. Semakin tinggi posisi Anda, semakin besar dampak keputusan Anda terhadap perusahaan. Dan sering kali, semakin besar keputusan yang harus diambil, semakin sedikit orang yang dapat Anda libatkan dalam proses pengambilan keputusan.

Terkadang, berada di puncak bisnis memang terasa sepi.

Dan tidak ada kesepian yang lebih besar daripada ketika Anda berdiri sendirian dalam sebuah masalah.

Baik Anda berada di posisi tertinggi maupun terbawah dalam struktur perusahaan, akan ada waktu dan keputusan di mana Anda menjadi satu-satunya orang yang berdiri di satu sisi suatu permasalahan. Pada saat-saat seperti ini, Anda mencari seseorang yang dapat mendukung Anda, menyelamatkan Anda, dan meyakinkan Anda bahwa posisi Anda benar.

Inilah saat yang tepat untuk mencari satu-satunya saksi yang sejati—Roh Kudus—karena Dia cukup.

Ini seperti lampu lalu lintas. Di Amerika, lampu lalu lintas memiliki tiga warna. Merah berarti berhenti. Kuning berarti melambat dan lanjutkan dengan hati-hati. Hijau berarti jalan.

Dalam pengalaman saya, Roh Kudus terkadang memberikan lampu merah, terkadang lampu kuning, dan terkadang lampu hijau.

Jadi, inilah salah satu cara untuk mencari kesaksian-Nya. Jika Anda merasakan…

- **Kecemasan atau ketidakpastian** – Berhenti! Kemungkinan itu adalah lampu merah.

- **Tidak merasakan apa pun** – Tunggu dan terus cari. Kemungkinan itu adalah lampu kuning.

- **Damai dan penuh kuasa** – Lanjutkan dan LAKUKAN SEKARANG! Itu adalah lampu hijau dari Roh Kudus untuk bertindak!

DUA SAKSI LEBIH BAIK

Maka kami dengan bulat hati telah memilih beberapa orang untuk dikirim kepada kamu bersama dengan Barnabas dan Paulus yang kami kasihi.

—Kisah Para Rasul 15:25

Sebab adalah keputusan Roh Kudus dan keputusan kami, supaya kepada kamu jangan ditanggungkan lebih banyak beban daripada yang perlu ini.

—Kisah Para Rasul 15:28

Tetapi Silas memutuskan untuk tinggal di situ.

—Kisah Para Rasul 15:34

Kamus Strong mendefinisikan saksi sebagai "bersaksi bersama, yaitu menguatkan dengan bukti yang sesuai; memberikan kesaksian bersama." Dalam setiap ayat di atas, orang percaya berkumpul sebagai saksi dalam suatu keputusan. Pernyataan, "Adalah keputusan Roh Kudus dan keputusan kami," menjadi contoh sempurna dari kesaksian bersama. Roh Kudus berbicara secara pribadi kepada mereka, "Ya, ini keputusan yang baik," dan mereka pun menyetujuinya dengan kesaksian batin.

Meskipun kesaksian pribadi Anda dengan Roh Kudus sudah cukup, memiliki dua atau lebih saksi dari sesama orang percaya adalah lebih baik lagi!

Berikut adalah contoh kekuatan dari dua saksi bersama.

Baru-baru ini, saya menjadi pembicara utama dalam sebuah konferensi bisnis Kristen di tingkat regional. Saya menyampaikan gambaran umum tentang prinsip-prinsip dalam buku ini. Saat berbicara, saya merasakan dorongan Roh Kudus untuk lebih menekankan pentingnya mencari kesaksian bersama, meskipun awalnya saya tidak berencana untuk membahasnya lebih dalam.

Tiga hari setelah konferensi, saya menerima email panjang dan terperinci dari salah satu peserta, seorang pemimpin bisnis ternama dan anggota pendiri organisasi bisnis Kristen yang prestisius ini.

Setelah memberikan gambaran singkat tentang masalah tersebut, ia menulis dalam e-mailnya,

> Singkatnya, tadi malam saat saya dalam perjalanan pulang, saya teringat pesan Anda. Saya mematikan radio dan dengan suara lantang bertanya kepada Roh Kudus apa yang harus saya lakukan dalam situasi ini. Saya merasa terdorong untuk menelepon asisten manajer kantor saya dan menanyakan pendapatnya tentang hal ini (dia orang yang luar biasa, mengasihi Tuhan, tetapi saya TIDAK PERNAH melakukan hal seperti ini sebelumnya!).

Teman saya kemudian menjelaskan bagaimana, bersama dengan asistennya, mereka mendapatkan kesaksian bersama dengan cepat dan menemukan solusi yang luar biasa. Ia menutup emailnya dengan mengatakan:

> Saya TIDAK PERNAH bisa menemukan solusi ini sendiri. Saya tidak tahu berapa banyak orang di pertemuan itu yang langsung menerapkan prinsip yang Anda ajarkan, tetapi saya melakukannya, dan saya

sangat menghargai ketaatan Anda kepada Tuhan serta usaha Anda untuk berbicara kepada kami!

Ini adalah contoh sempurna dari mencari kesaksian bersama. Anda dapat merasakan keyakinannya dan sukacitanya dalam mencari kesaksian dari seorang rekan seiman di tempat kerja.

Ketika Anda memiliki tim yang kuat dengan saksi-saksi bersama yang percaya kepada Tuhan, Anda dapat mengatasi masalah atau situasi apa pun dalam perusahaan Anda.

Namun, mencari kesaksian bersama di tempat kerja tidak selalu mudah atau cepat. Tantangan muncul ketika kesaksian yang Anda terima berbeda dengan kesaksian rekan Anda. Apa yang harus dilakukan dalam situasi seperti ini?

Pelatih strategi media sosial dan situs web saya adalah seorang percaya yang dipenuhi Roh dan juga seorang penulis buku terlaris. Ia mengenal pelayanan bisnis saya dengan sangat baik, bahkan mungkin lebih baik dari saya sendiri. Ia terus membimbing dan mengarahkan seluruh upaya pemasaran serta strategi digital saya.

Tentu saja, dalam banyak kesempatan saya bertanya kepadanya, "Inilah yang saya pikirkan. Apakah Anda memiliki kesaksian tentang ini?"

Sering kali, ia langsung mengonfirmasi apa yang saya rasakan. Namun, ada kalanya ia tidak setuju dan menyarankan sesuatu yang berbeda.

Lalu, apa yang harus saya lakukan?

Karena ia memiliki pemahaman yang mendalam tentang visi, tujuan, dan panggilan saya dalam rencana Tuhan, saya kembali mencari kesaksian pribadi saya dalam keputusan tersebut.

Mendalami kembali bersama Roh Kudus justru membawa saya lebih dekat dalam hubungan yang lebih kuat dan mendalam dengan-Nya—bukan hanya untuk keputusan ini, tetapi juga untuk kehidupan saya secara keseluruhan. Sering kali, hanya dalam waktu singkat, keputusan-Nya menjadi jelas dalam roh saya.

Pada akhirnya, keputusan ada di tangan saya. Saya mengikuti apa yang Roh Kudus pimpin untuk saya lakukan. Dan waktu tambahan yang saya habiskan dengan Tuhan memberikan saya kekuatan, damai, dan komitmen yang lebih besar.

Yang menarik adalah, setelah saya menjalankan keputusan tersebut, teman saya sering berkata, "Sekarang saya bisa melihat dengan lebih jelas mengapa Anda memilih opsi itu. Saya tidak memikirkannya dari sudut pandang itu sebelumnya. Saya tahu ini akan berhasil bagi Anda."

Pada akhirnya, saya mendapatkan kesaksian bersama yang saya cari sejak awal. Saya hanya perlu melangkah dalam iman berdasarkan kesaksian pribadi saya.

STRATEGI MEMBANGUN TIM YANG TERBAIK

Hei, Tom, bolehkah saya meminta bantuan Anda? Saya sedang bersiap untuk mengambil keputusan besar tentang... Saya ingin memastikan bahwa saya benar-benar mendengar dari Tuhan tentang apa yang harus saya lakukan. Inilah yang saya rasakan sebagai tuntunan-Nya... Apakah kamu memiliki kesaksian tentang hal ini?

Bayangkan reaksi Tom, seorang percaya 2% lainnya di perusahaan Anda.

Bayangkan betapa terhormat dan tersentuhnya dia saat diminta membantu dalam keputusan yang begitu penting.

Jika Tom memahami kekuatan kesaksian bersama, dia akan tahu apa yang harus dilakukan.

Pertimbangkan berbagai manfaat yang bisa didapat dengan membangun tim melalui keterlibatan rekan kerja sebagai saksi. Mencari kesaksian bersama dengan kolega...

- Membangun kepercayaan dalam setiap keputusan Anda.

- Memperkokoh dasar alkitabiah bagi bisnis Anda.

- Menunjukkan keterbukaan Anda untuk mendengarkan hati dan roh tim Anda.

- Mengembangkan ketajaman rohani dan kemampuan membedakan di seluruh perusahaan.

- Mengingatkan orang lain untuk melakukan hal yang sama dalam keputusan mereka.

- Memberikan keyakinan kepada orang lain, bahkan dalam keputusan yang mereka tidak sepakati sepenuhnya.

Inilah pertanyaan membangun tim yang paling kuat: *"APAKAH KAMU MEMILIKI KESAKSIAN?"*

PENERAPAN DALAM KEHIDUPAN PRIBADI

Bertahun-tahun lalu, saya mulai menggunakan pendekatan baru dalam mengambil keputusan bersama istri saya, Brenda, yang cerdas, menawan, dan dipenuhi Roh Kudus.

Seperti kebanyakan suami, dulu saya sering bertanya kepadanya...

- "Bagaimana perasaanmu tentang ini?"

- "Apa pendapatmu tentang ini?"

- "Menurutmu, sebaiknya bagaimana?"

Namun sekarang, ketika saya meminta masukannya dalam keputusan besar, saya hanya bertanya, "Apakah kamu memiliki kesaksian tentang ini?"

Pendekatan ini langsung mengubah cara ia memberi masukan, dari yang semula didasarkan pada perasaan, logika, atau opini, menjadi sepenuhnya dipimpin oleh Roh.

Karena ia memiliki Roh Kudus yang sama dengan saya, kini kami membuat keputusan dengan mencari kesaksian bersama.

Hasilnya luar biasa. Dengan hanya mengubah struktur pertanyaan, kami kini berjalan semakin kuat sebagai pasangan.

RENCANA TINDAKAN: MENCARI KESAKSIAN

Berikut adalah Rencana Tindakan sederhana dengan empat pertanyaan untuk mencari kesaksian. Jawablah secara berurutan.

Keputusan #1 _____

Apakah saya memiliki kesaksian pribadi tentang keputusan atau tindakan ini?

Apakah saya memerlukan kesaksian bersama?

Jika ya, kepada siapa saya harus meminta kesaksian bersama?

Apakah ia memiliki kesaksian tentang hal ini?

Keputusan berdasarkan kesaksian saya adalah:

Keputusan #2 _____

Apakah saya memiliki kesaksian pribadi tentang keputusan atau tindakan ini?

Apakah saya memerlukan kesaksian bersama?

Jika ya, kepada siapa saya harus meminta kesaksian bersama?

Apakah ia memiliki kesaksian tentang hal ini?

Keputusan berdasarkan kesaksian saya adalah:

Keputusan #3 _____

Apakah saya memiliki kesaksian pribadi tentang keputusan atau tindakan ini?

Apakah saya memerlukan kesaksian bersama?

Jika ya, kepada siapa saya harus meminta kesaksian bersama?

Apakah ia memiliki kesaksian tentang hal ini?

Keputusan berdasarkan kesaksian saya adalah:

Keputusan #4 _____

Apakah saya memiliki kesaksian pribadi tentang keputusan atau tindakan ini?

Apakah saya memerlukan kesaksian bersama?

Jika ya, kepada siapa saya harus meminta kesaksian bersama?

Apakah ia memiliki kesaksian tentang hal ini?

Keputusan berdasarkan kesaksian saya adalah:

Keputusan #5 _____

Apakah saya memiliki kesaksian pribadi tentang keputusan atau tindakan ini?

Apakah saya memerlukan kesaksian bersama?

Jika ya, kepada siapa saya harus meminta kesaksian bersama?

Apakah ia memiliki kesaksian tentang hal ini?

Keputusan berdasarkan kesaksian saya adalah:

5.4. JANGAN PADAMKAN ROH

Padamkan (v): memadamkan; memadamkan api; mengakhiri sesuatu

Kunci keempat untuk melepaskan kuasa Roh Kudus dalam bisnis Anda adalah *jangan padamkan Roh.*

Saya masih remaja ketika Perang Vietnam berlangsung. Setiap hari selama bertahun-tahun, dalam siaran berita malam di televisi, kami mendengar jumlah korban jiwa hari itu—jumlah pahlawan yang gugur demi negara kita.

Salah satu aspek paling dramatis dari perang itu adalah mengetahui bahwa banyak prajurit ditahan sebagai tawanan perang di tempat yang secara satir disebut "Hanoi Hilton," sebuah kompleks besar tempat para tentara disiksa dengan kejam selama bertahun-tahun.

Selama hampir satu dekade, teman baik saya, Dr. Steve Linnville, telah menjadi bagian dari tim luar biasa yang terdiri dari spesialis medis dan psikolog yang mempelajari dampak mental serta fisik akibat penahanan terhadap para tawanan perang dari Perang Vietnam, Desert Storm, dan Operasi Pembebasan Irak. Ratusan pahlawan ini, baik pria maupun wanita, secara rutin mengunjungi *Robert E. Mitchell Center* di *Pensacola Naval Aviation Station* untuk menjalani evaluasi fisik dan psikologis yang mendalam.

Salah satu pertanyaan utama dalam penelitian jangka panjang mereka adalah, "Apa perbedaan utama antara prajurit yang berhasil bertahan dari siksaan bertahun-tahun dan mereka yang tidak?"

Hasil penelitian mereka yang paling menakjubkan hingga saat ini adalah bahwa *optimisme* merupakan faktor terpenting dalam menentukan ketahanan dan ketiadaan gangguan psikologis.

Kontributor terbesar dari ketahanan ini adalah *iman.* Bagi banyak orang, iman mereka tertuju kepada Tuhan. Bagi yang lain, iman mereka ada dalam harapan akan masa depan yang lebih baik.

Mengapa membahas penelitian tentang tawanan perang yang dipulangkan dalam buku mengenai cara melepaskan kuasa Roh Kudus dalam bisnis?

Pertama, karena Roh Kudus menuntun saya untuk menyertakannya.

Kedua, mereka yang bertahan hidup setelah menghadapi siksaan fisik dan mental yang ekstrem, menit demi menit, jam demi jam, hari demi hari, dan tahun demi tahun, mampu bertahan karena mereka *tidak memadamkan Roh* yang hidup di dalam mereka.

Ya, banyak tawanan perang Vietnam adalah orang percaya. Mendengar sedikit saja tentang perlakuan tidak manusiawi yang mereka alami sudah membuat tantangan pribadi dan profesional saya terasa begitu kecil dan tidak berarti.

> Bersukacitalah senantiasa. Berdoalah tanpa henti. Mengucap syukurlah dalam segala hal, sebab itulah kehendak Allah di dalam Kristus Yesus bagi kamu. Jangan padamkan Roh. (1 Tesalonika 5:16–19)

Mari kita akui kenyataannya: sangat mudah untuk memadamkan Roh.

Hari Minggu adalah hari di mana kita biasanya berkumpul di rumah ibadah, menyanyikan lagu pujian, bersyukur atas kehadiran Roh Allah, dan mendengarkan khotbah serta ayat-ayat Alkitab yang berbicara tentang jalan dan karya Roh Kudus.

Kita berdoa dan mengucapkan *amin* saat merasakan sesuatu bergerak di dalam diri kita—sesuatu yang baik, sesuatu yang mendorong kita untuk merenungkan lebih dalam perjalanan rohani pribadi kita dengan Tuhan.

Namun setelah ibadah selesai, kita tersenyum, bersalaman dengan teman-teman, berbincang tentang betapa luar biasanya pesan dan musik yang kita dengar, bercanda tentang bagaimana kita merasa "ditegur," lalu keluar dari gereja menuju rumah atau restoran. Namun tidak lama setelah meninggalkan tempat parkir gereja, kita juga meninggalkan ajaran, pesan, firman, dan dorongan Roh yang kita terima di dalam gedung itu.

Tidak mengherankan jika begitu banyak dari kita jarang melihat kuasa Roh Kudus bekerja di dalam pekerjaan kita.

Begitu mudah bagi kita untuk meninggalkan pengajaran, kesan, dan nasihat dari pemimpin rohani kita di bangku-bangku gereja dan lorong-lorong tempat ibadah.

Kita bisa dengan mudah memadamkan Roh Allah.

Ada tiga cara umum di mana kita sering kali memadamkan Roh: mengabaikan-Nya, menekan-Nya, dan mendukakan-Nya.

1. MENGABAIKAN-NYA

Kamu mempunyai mata, tidakkah kamu melihat? Dan kamu mempunyai telinga, tidakkah kamu mendengar? Dan tidakkah kamu ingat?

—Markus 8:18

Mengabaikan berarti menolak menunjukkan bahwa kita melihat atau mendengar, serta tidak melakukan apa pun sebagai respons terhadap sesuatu atau seseorang. Mungkin cara termudah untuk memadamkan Roh Kudus adalah dengan mengabaikan-Nya.

Saat mengerjakan kontrak dengan salah satu klien, pemilik perusahaan meminta seorang tenaga penjual menyusun rencana peluncuran yang mencakup penerapan prinsip kepemimpinan dari buku saya, *The Impacter*. Meskipun saya telah dikontrak dan sepenuhnya tersedia untuk membantu, saya baru dilibatkan di akhir proyek—setelah rencana itu selesai disusun.

Penulis buku itu (saya) ada di dalam ruangan.

Penulis buku itu siap membantu, tetapi diabaikan.

Ingatlah, Penulis *Kitab* (Alkitab) hidup di dalam dirimu. Dia selalu bersedia dan tersedia untuk membimbing serta mengarahkan Anda dalam mengintegrasikan hikmat-Nya yang sempurna ke dalam perusahaanmu.

Tetapkan dalam hati Anda untuk tidak pernah lagi mengabaikan Roh Kudus (Yohanes 14:26).

2. MENYEKAP-NYA

Menyekap berarti menutupi sesuatu agar tidak tumbuh atau menyebar … berusaha mencegah sesuatu terjadi.

Terkadang, jawabannya tampak jelas. Jelas bahwa kita perlu…

- Berinvestasi dalam peralatan itu
- Menghadiri pameran dagang tersebut
- Terjun ke dalam program iklan baru itu
- Memecat karyawan itu
- Mengatasi masalah itu

Sangat mudah untuk dipimpin oleh apa yang tampak jelas.

Dalam Lukas 10:40, Marta dengan panik memasak makanan dan secara tidak sopan menyela pengajaran Yesus di hadapan rumah yang penuh dengan tamu.

Ia berusaha menyekap Roh dengan menginterupsi Yesus, menghina saudara perempuannya, dan memberi tahu Yesus apa yang harus dilakukan-Nya. Apa yang tampak jelas bagi Marta (orang-orang harus segera diberi makan) bukanlah hal terpenting pada saat itu (mendengarkan Yesus).

Semua orang di sana, termasuk Marta, belajar bahwa jauh lebih penting untuk berfokus pada pengajaran Yesus dan tidak menyekap Roh-Nya yang ingin bekerja melalui mereka.

Bagaimana kita dapat menyekap Roh Kudus dalam bisnis? Ketika…

- Semua fakta mengatakan satu hal, tetapi Roh Kudus mengatakan hal lain.
- Semua ahli mengatakan satu hal, tetapi Roh Kudus mengatakan hal lain.
- Semua staf Anda mengatakan satu hal, tetapi Roh Kudus mengatakan hal lain.

- Anda menolak mencari saksi pendamping.

- Anda mendengar, "Berikan bajumu kepadanya," tetapi Anda segera mengabaikannya.

Waspadalah, karena musuh tidak menginginkan apa pun selain mendorong Anda untuk menyekap Roh Kudus dalam bisnismu.

3. Mendukakan-Nya

Janganlah kamu mendukakan Roh Kudus Allah, yang oleh-Nya kamu telah dimeteraikan sampai hari penebusan.

—Efesus 4:30

Pernahkah Anda melakukan sesuatu yang Anda tahu salah, tetapi tetap melakukannya?

Makan lebih dari seharusnya hampir setiap waktu? Mengabaikan pasangan atau keluarga Anda di waktu luang hanya untuk melakukan hal yang Anda inginkan? Memberi tahu anak-anak bahwa Anda terlalu lelah untuk bermain dengan mereka sekarang dan menyuruh mereka bertanya lagi besok?

Atau, dalam bisnis, pernahkah Anda membenarkan keputusan untuk…

- Mempertahankan karyawan yang seharusnya sudah pergi bertahun-tahun lalu?

- Menunda pembayaran kepada pemasok demi meningkatkan arus kas jangka pendek?

- Membiarkan seorang karyawan penting berlaku curang atau terang-terangan melanggar kebijakan perusahaan?

- Mengizinkan pelanggan lama memperlakukan karyawan Anda dengan kasar atau tidak hormat?

Mendukakan berarti menyebabkan seseorang merasa sedih atau terluka … membuatnya menderita. Ya, Anda bisa mendukakan Roh Kudus melalui bisnismu. Anda juga bisa mendukakan-Nya melalui penghinaan.

> Betapa lebih beratnya hukuman yang harus dijatuhkan atas dia yang menginjak-injak Anak Allah, yang menganggap darah perjanjian yang menguduskannya sebagai sesuatu yang biasa, dan yang menghina Roh kasih karunia? (Ibrani 10:29)

Salah satu cara termudah untuk belajar lebih peka terhadap bagaimana Roh Kudus didukakan adalah dengan lebih menyadari momen ketika kita menggelengkan kepala dalam ketidakpercayaan atas tindakan seseorang.

Saat saya berada di puncak kesadaran akan kuasa Roh Kudus, saya bertanya pada diri sendiri, "Mengapa saya baru saja menggelengkan kepala karena itu?"

Sering kali, itu hanya reaksi spontan terhadap seseorang yang tiba-tiba memotong jalan di lalu lintas atau tanpa sadar menghalangi lorong dengan troli belanja.

Di tempat kerja, Anda mungkin menggelengkan kepala karena hal-hal seperti…

- Apa yang dikatakan seseorang dalam rapat

- Pemimpin yang selalu datang terlambat ke pertemuan mereka sendiri

- Keengganan seseorang atau tim untuk menyelesaikan tugas yang telah diberikan

- Pekerjaan yang asal-asalan

- Panci kopi kosong yang dibiarkan begitu saja oleh orang terakhir yang mengisi cangkirnya

Saya dengan sengaja bertanya pada diri sendiri apakah tindakan ini mendukakan daging atau justru Roh di dalam Anda.

Dalam banyak situasi, itu hanyalah dorongan daging saya. Misalnya, saat melihat panci kopi kosong. Saya mengingatkan diri sendiri bahwa Juruselamat datang untuk melayani, bukan dilayani. Karena itu, membersihkan ampas kopi, menuangkan air bersih, dan menyeduh kembali kopi panas yang segar adalah sebuah berkat bagi orang lain.

Ini adalah contoh sederhana namun umum tentang bagaimana mengubah sesuatu yang mendukakan daging menjadi berkat bagi orang lain.

Jika itu hanya soal keinginan daging saya, saya memperbaikinya jika memungkinkan, lalu melupakannya.Namun, jika itu mengusik roh saya, saya merenungkannya lebih dalam untuk memahami penyebabnya. Saya pun bertanya kepada Roh Kudus,

- "Mengapa Engkau berduka karena ini?"

- "Apa yang Engkau ingin aku lakukan terhadap hal ini?"

- "Bagaimana aku bisa mencegah ini terjadi lagi di masa depan?"

- "Apa yang Engkau ingin aku pelajari dari hal ini?"

- "Apa yang Engkau ingin aku sampaikan kepada orang lain tentang ini?"

- "Apakah ini sesuatu yang harus aku akui dan pertobatkan?"

Hal terakhir yang anda butuhkan dalam bisnis adalah Roh Kudus yang berduka, baik dalam diri anda maupun orang lain.

Ini merupakan tanda jelas bahwa ada yang melenceng dan perlu diperbaiki.

RENCANA TINDAKAN "JANGAN PADAMKAN ROH"

Renungkan tantangan, prioritas, dan tekanan yang ada dalam bisnis Anda. Dalam hubungan dengan Roh Kudus, di mana Anda baru-baru ini...

Mengabaikan-Nya –

Menyekap-Nya –

Mendukakan-Nya –

Luangkan 10 menit untuk berdoa atas situasi ini dan mintalah Roh Kudus berbicara kepada Anda. Tuliskan apa yang Ia instruksikan untuk Anda lakukan. Bagikan rencana tindakan ini kepada mitra akuntabilitas, seperti pasangan, rekan kerja, mentor rohani, atau pelatih. Minta mereka menjadi saksi pendamping, berdoa bersama Anda, dan membantu anda tetap bertanggung jawab dalam menjalankannya.

Tindakan 1:

Tindakan 2:

Tindakan 3:

Tindakan 4:

5.5. JANGAN GOYAH

Bergerak (v): mulai menjauh dari suatu titik atau tempat; mengubah posisi atau postur

Kunci kelima dalam melepaskan kuasa Roh Kudus dalam bisnis Anda adalah *jangan goyah.*

Hal ini bisa menjadi sulit dilakukan. Mengapa?

- Anda sudah berlatih.

- Anda sudah memeriksa hati sebelum mengambil keputusan akhir.

- Anda telah mendapat kesaksian yang kuat, baik secara pribadi maupun bersama orang lain.

- Anda telah menetapkan dalam hati untuk tidak memadamkan Roh.

Inilah saatnya Iblis akan menyerang dengan penuh kekuatan. Ia akan melakukan segala cara untuk memenuhi hati Anda dengan keraguan, ketidakpastian, dan kecemasan. Ia akan mengerahkan seluruh persenjataannya dan menyerang dengan ganas ketika...

- Semua angka tampaknya tidak sesuai harapan.

- Pendapat mayoritas menentang Anda.

- Para pesaing melarikan diri, sementara Anda justru masuk ke dalamnya.

- Keberhasilan tampak suram, nyaris mustahil.

- Akal sehat mengatakan ini adalah keputusan bodoh.

- Semua orang berkata, *"Jangan lakukan itu!"*

Namun, Anda memiliki keistimewaan luar biasa—Roh Kudus berdiam di dalam Anda. Saat ini, Ia telah meneguhkan di hati Anda bahwa keputusan ini sesuai dengan kehendak Tuhan bagi bisnis Anda. Anda yakin sepenuhnya bahwa keputusan ini berasal dari-Nya.

Cara paling cepat, mudah, dan efektif untuk menyaksikan kuasa Roh Kudus bekerja dalam bisnis dan hidup Anda adalah dengan mengikuti perintah Maria kepada para pelayan sebelum Yesus mengubah air menjadi anggur:

> Ibu-Nya berkata kepada pelayan-pelayan itu: 'Apa yang dikatakan-Nya kepadamu, lakukanlah!' (Yohanes 2:5)

Lakukan saja—apa pun yang Dia katakan!

Berikut tiga cara ampuh agar Anda tetap teguh: tetap fokus, berbicara kembali, dan berdiri kokoh.

1. TETAP FOKUS

> *Saudara-saudara, aku sendiri tidak menganggap bahwa aku telah menangkapnya, tetapi ini yang kulakukan: aku melupakan apa yang telah di belakangku dan mengarahkan diri kepada apa yang ada di hadapanku, dan aku berlari menuju tujuan untuk memperoleh hadiah panggilan surgawi dari Allah dalam Kristus Yesus.*
>
> —Filipi 3:13–14

Banyak pebisnis mengalami apa yang saya sebut sebagai "Penyakit Tupai." Jika Anda seorang wirausahawan sejati, pikiran Anda terus bekerja—menganalisis dan bermimpi, sering kali mengabaikan detail kecil yang diperlukan untuk meraih kesuksesan. Bagi Anda, yang utama adalah gagasan baru, peluang segar, pendekatan inovatif, potensi besar, serta tren terkini yang sedang berkembang.

Berada di dekat Anda terasa seperti berdiri di samping ketel popcorn tanpa tutup—aliran tak terhentikan dari tindakan, ide, dan konsep yang tersebar ke seluruh tempat kerja, menciptakan suasana yang penuh dinamika.

Sebagai penasihat bisnis yang dipimpin oleh Roh, saya sering membantu para pemimpin memperjelas tujuan mereka, sehingga dapat mengoptimalkan kekuatan sambil mengatasi kelemahan mereka, termasuk Penyakit Tupai.

Pria dan wanita yang luar biasa, penuh energi, dan cerdas ini memiliki tekad kuat untuk meraih kesuksesan dalam bisnis demi kemuliaan Tuhan. Namun, mereka cenderung kesulitan menjaga fokus, sehingga memastikan mereka tetap bertanggung jawab dan berada di jalur yang benar menjadi tantangan, baik dalam aspek profesional maupun spiritual.

Saya menyadari bahwa ini merupakan tantangan bagi mereka. Mereka pun menyadarinya. Dan musuh juga mengetahuinya.

Inilah alasan mengapa tetap teguh sangat penting saat ini, karena Anda yakin bahwa keputusan untuk bertindak ini...

- Berasal dari Tuhan melalui konfirmasi Roh Kudus.

- Adalah apa yang diinginkan Roh Kudus untuk Anda lakukan.

- Adalah cara Roh Kudus bagaimana ingin Anda melangkah.

Meski menghadapi tantangan besar, Anda tetap bisa menjaga fokus.

> Dan Nuh melakukannya; sesuai dengan semua yang diperintahkan Allah kepadanya, demikianlah dilakukannya. (Kejadian 6:22)

Kita tahu bahwa Nuh berusia 500 tahun saat pertama kali disebut dalam Alkitab (Kejadian 5:32) dan 600 tahun ketika ia memasuki bahtera (Kejadian 7:6). Jadi, pembangunan kota terapung ini kemungkinan memakan waktu sekitar 100 tahun atau lebih bagi keluarganya.

Bayangkan...

- Lebih dari 100 tahun menerima hinaan dan ejekan setiap hari dari masyarakat saat Anda bekerja dalam tugas Tuhan.

- Malam-malam, minggu-minggu, bulan-bulan, bahkan mungkin bertahun-tahun mengalami frustrasi, kelelahan, dan serangan spiritual terhadap tubuh, pikiran, dan jiwa Anda.

- Puluhan orang yang tidak percaya terus-menerus mencoba mengalihkan perhatian dari tugas dan panggilan Anda.

- Memfokuskan diri hanya pada satu tujuan selama lebih dari 100 tahun.

Sama seperti Nuh, begitu mengambil keputusan, Anda harus tetap fokus. Ya, ini bisa dilakukan, dan Anda pun bisa melakukannya.

2. BERBICARA KEMBALI

Sebab firman Allah hidup dan kuat dan lebih tajam dari pedang bermata dua mana pun; ia menusuk amat dalam sampai memisahkan jiwa dan roh, sendi-sendi dan sumsum; ia sanggup membedakan pertimbangan dan pikiran hati kita.

—Ibrani 4:12

Roh Kudus mendorong Anda untuk sukses. Musuh menginginkan Anda gagal.

Salah satu cara terbaik untuk memadamkan panah api dari musuh adalah dengan berbicara kembali kepadanya! Kyle Winkler menulis dalam Silence Satan,

Saya percaya bahwa ketika Firman Allah diucapkan melalui mulut orang-orang dalam Kristus, Firman itu memiliki kuasa yang sama seperti saat Tuhan sendiri mengucapkannya. Kata-kata itu harus tetap memiliki otoritas Tuhan, jika tidak, mereka tidak akan mampu melakukan apa pun. Bagaimanapun juga, ini adalah Firman-Nya, bukan milik kita. [1]

Winkler mengusulkan tiga manfaat utama dalam menyatakan Firman Tuhan langsung kepada musuh. Pertama, mengutip ayat Kitab Suci memperbarui pikiran. Firman yang diucapkan memiliki kuasa, dan "kuasa yang sama yang menghidupkan alam semesta akan membangkitkan kehidupan baru dalam diri Anda." [2]

Kedua, hal itu membuat musuh melarikan diri. Winkler menulis, "Bapa segala dusta tidak memiliki kuasa saat kebenaran dari Bapa hadir." [3]

Ketiga, menyatakan ayat Kitab Suci membungkam Setan. Itu menegaskan dengan tegas, "Mundur, iblis! Aku dipersenjatai dengan kebenaran Tuhan." [4]

(Saya mendorong Anda untuk mengunduh aplikasi luar biasa dari Kyle, *Shut Up Devil!*, yang tersedia di Apple dan Android App Store secara gratis.)

3. BERDIRI TEGUH

> *Dan lihatlah, sekarang aku pergi terikat dalam roh ke Yerusalem, tidak mengetahui hal-hal yang akan terjadi padaku di sana, kecuali bahwa Roh Kudus bersaksi di setiap kota, mengatakan bahwa rantai dan kesusahan menantiku. Tetapi tidak ada dari hal-hal ini yang menggerakkanku; juga aku tidak menghitung hidupku berharga bagi diriku sendiri, supaya aku dapat menyelesaikan perlombaanku dengan sukacita, dan pelayanan yang aku terima dari Tuhan Yesus, untuk bersaksi kepada Injil kasih karunia Allah.*
>
> —Kisah Para Rasul 20:22–25

Masa depan terlihat kelam. Paulus sedang dalam perjalanan kembali ke Yerusalem, yang akan berujung pada penangkapannya, perjalanan terakhirnya ke Roma, dan akhirnya kematiannya. Banyak rekannya memperingatkan agar ia tidak pergi. Nabi Agabus bahkan mengambil ikat pinggang Paulus dan bernubuat,

> Demikianlah orang-orang Yahudi di Yerusalem akan mengikat orang yang memiliki ikat pinggang ini, dan menyerahkannya ke tangan bangsa-bangsa yang lain. (Kisah Para Rasul 21:11)

Namun, Paulus tetap teguh. Ia tahu dengan jelas apa yang harus dilakukan dan panggilan yang Tuhan berikan kepadanya. Tak ada perkataan atau tindakan siapa pun yang dapat menghentikannya dari perjalanan itu.

Dia berdiri teguh, bahkan sampai kematian.

Bersaksi tentang Yesus di hadapan banyak orang bisa berujung pada penganiayaan, bahkan hingga kematian. Namun, jika itu terjadi, Tuhan tetap memanggil Anda untuk melakukannya. Itu adalah tugas yang harus dijalankan tanpa menunggu perintah.

Sekarang saatnya untuk tetap teguh, beristirahat dalam damai-Nya (Filipi 4:6–7), dan yakin bahwa bala tentara malaikat melindungi Anda (Ibrani 1:14). Firman ada di hati dan mulut Anda (1 Korintus 2:4–5), dan kemenangan sepenuhnya milik Tuhan (1 Yohanes 5:4).

Jika keputusannya...

- Kecil—berdiri teguh!

- Besar—berdiri teguh!

- Berisiko di mata dunia—berdiri teguh!

- Sepenuhnya berdasarkan kesaksian pribadi Anda— berdiri teguh!

Seperti Paulus.

Satu Hal Lagi

Seperti yang saya jelaskan di Bagian 4.5, "Kenakan Perlengkapan Senjata," semakin cepat Anda mengenakan seluruh perlengkapan senjata Allah, semakin siap Anda menghadapi serangan utama musuh.

Saya mendorong Anda untuk selalu mengingat hal ini: tetap teguh saat mengenakan seluruh perlengkapan senjata Allah (Efesus 6:10–20). Paulus menekankan kata "berdiri" tiga kali dalam ayat-ayat ini agar kita siap menghadapi dan menghancurkan tipu muslihat musuh yang menyerang kita.

Saat Anda berdiri teguh dengan dilindungi oleh zirah pelindung, Anda tidak akan tergoyahkan!

Rencana Tindakan Jangan Tergoyahkan

Luangkan waktu sekarang untuk mengisi rencana tindakan ini. Simpan di tempat yang mudah Anda jangkau..

1. Tetap Fokus – Buat 3–5 daftar hal yang dengan mudah mengalihkan perhatian dari mencapai tujuan terpenting Anda.

Gangguan #1:

Gangguan #2:

Gangguan #3:

Gangguan #4:

Gangguan #5:

2. Ucapkan kembali – Sekarang, tuliskan 3–5 ayat Alkitab yang perlu Anda hafalkan dan ucapkan kembali agar tetap fokus. Salah satu ayat yang sering saya ulang adalah 1 Korintus 2:16b, "Tetapi aku memiliki pikiran Kristus."

Ayat #1:

Ayat #2:

Ayat #3:

Ayat #4:

Ayat #5:

3. Berdiri Teguh – Dengan kata-kata Anda sendiri, buatlah 3–5 pernyataan "Berdiri Teguh" yang dipersonalisasi, yang dapat Anda klaim dan ucapkan sesuai kebutuhan. Salah satu pernyataan saya sederhana seperti seruan Paulus: "Aku tidak akan goyah!" Pernyataan lainnya adalah "Aku mampu menghadapi segala sesuatu melalui Kristus yang memberi kekuatan!"

Pernyataan #1:

Pernyataan #2:

Pernyataan #3:

Pernyataan #4:

Pernyataan #5:

4. Satu Hal Lagi

> *Sebab itu ambillah seluruh perlengkapan senjata Allah, supaya kamu dapat bertahan pada hari yang jahat itu dan tetap berdiri, sesudah kamu menyelesaikan segala sesuatu. Jadi berdirilah tegap, berikatpinggangkan kebenaran dan berbajuzirahkan keadilan, kakimu berkasutkan kerelaan untuk memberitakan Injil damai sejahtera; dalam segala keadaan pergunakanlah perisai iman, sebab dengan perisai itu kamu akan dapat memadamkan semua panah api dari si jahat. Dan terimalah ketopong keselamatan dan pedang Roh, yaitu firman Allah.*
>
> —Efesus 6:13–17

Tuliskan enam bagian perlengkapan senjata Allah di bawah ini. Tetapkan dalam hati bahwa setiap kali Anda pergi bekerja, Anda akan mengucapkannya dengan lantang agar sepenuhnya diperlengkapi dan siap menghadapi tantangan bisnis di depan. Dengan melakukan ini, Anda memberi peringatan kepada musuh bahwa ia tidak memiliki tempat atau kuasa atas bisnis Anda.

PERLENGKAPAN SENJATA LENGKAP

1.

2.

3.

4.

5.

6.

5.6 Berdoa dengan Berani

Berani (kata sifat): tidak takut akan bahaya atau situasi sulit; sangat percaya diri dengan cara yang mungkin terlihat kasar atau bodoh; menunjukkan atau memerlukan semangat yang berani dan tak kenal takut

Kunci keenam untuk melepaskan kuasa Roh Kudus dalam bisnis Anda adalah dengan berdoa dengan doa yang berani.

Yosua telah meraih kemenangan dalam setiap pertempuran, mengalahkan setiap tentara yang Tuhan perintahkan untuk dilawan. Suatu kali, Tuhan memintanya berbaris sepanjang malam dan bersiap menghadapi lima raja yang bersatu. Namun, hingga akhir hari, pertempuran belum usai. Dengan keinginan kuat untuk menuntaskannya dalam kemenangan penuh, Yosua pun berdoa.

> Pada waktu itu Yosua berbicara kepada Tuhan pada hari ketika Tuhan menyerahkan orang Amori kepada bani Israel, dan dia berkata di hadapan orang Israel, "Matahari, berhentilah di Gibeon, dan bulan, di Lembah Aijalon." Dan matahari berhenti, dan bulan pun berhenti, sampai bangsa itu membalas dendam kepada musuh-musuhnya. Bukankah ini tertulis dalam Kitab Yasyar? Matahari berhenti di tengah-tengah langit dan tidak terburu-buru terbenam selama kira-kira sehari penuh. (Yosua 10:12–13 ESV)

Tentara Yosua mengalahkan musuh-musuh mereka melalui jawaban Tuhan atas doa keberanian yang penuh kuasa.

Selama bertahun-tahun, saya lebih mudah berdoa dengan penuh keyakinan untuk istri, anak, keluarga, teman, pendeta, dan gereja saya. Namun, berdoa dengan cara yang sama untuk bisnis saya terasa tidak nyaman.

Saya selalu berdoa untuk bisnis saya. Mudah meminta Tuhan memberikan lebih banyak kontrak, pelanggan yang membayar lebih baik, memulihkan karyawan yang tersesat, atau bahkan membantu menyelesaikan gugatan yang tidak masuk akal terhadap saya dan perusahaan. Dan siapa yang tidak pernah berdoa agar terbebas dari masalah besar yang mungkin muncul karena sejak awal tidak dipimpin oleh Roh?

Saya tidak meremehkan pentingnya doa-doa sederhana dan dasar bagi bisnis kita. Tuhan mendengar doa semua anak-anak-Nya.

Saya mendorong Anda untuk membawa doa-doa Anda ke tingkat yang lebih tinggi, sehingga kasih karunia supranatural Tuhan tercurah atas bisnis Anda!

> "Sekarang, Tuhan, lihatlah ancaman mereka, dan berikanlah kepada hamba-hamba-Mu, agar dengan segala keberanian mereka dapat memberitakan firman-Mu, dengan mengulurkan tangan-Mu untuk menyembuhkan, dan supaya tanda-tanda dan mujizat-mujizat terjadi melalui nama Hamba-Mu yang kudus, Yesus." Dan ketika mereka selesai berdoa, tempat di mana mereka berkumpul berguncang; dan mereka semua dipenuhi dengan Roh Kudus, dan mereka berbicara firman Allah dengan keberanian. (Kisah Para Rasul 4:29–31)

Ini adalah doa pertama yang tercatat dari para rasul di gereja mula-mula, hanya beberapa hari setelah Pentakosta dan sesaat setelah mereka diancam oleh para pemimpin agama untuk berhenti!

Menghadapi cobaan berat, pemukulan, bahkan ancaman kematian, para rasul bisa saja memilih doa yang aman, sederhana, dan tanpa keberanian, sekadar bertahan dalam situasi itu lalu diam-diam melanjutkan pelayanan mereka. Tentu, tidak ada yang ingin menyinggung, memancing amarah, atau menimbulkan kekacauan.

Mereka bisa saja mengambil jalan yang lebih aman dan lebih mudah, tetapi mereka memilih untuk mengambil jalan lain. Mereka memilih untuk mengubah doa-doa mereka ke tingkat yang lebih tinggi, lebih dipenuhi Roh.

Mereka memilih untuk dengan berani datang ke hadapan takhta dan meminta lebih!

Lebih banyak kuasa. Lebih banyak tanda dan mujizat. Lebih banyak KEBERANIAN!

Rumah mereka terguncang. Kepercayaan diri mereka terbangkitkan. Iman mereka meningkat.

Dan bahkan hingga hari ini, kita terus melihat hasil dari doa yang berani ini: pertumbuhan supranatural dan dampak kekal Gereja di seluruh dunia!

Baru-baru ini, saya mulai menggeser doa melampaui doa-doa yang aman, normal, dan diharapkan, menuju tingkat yang lebih tinggi dari doa-doa yang dalam, dinamis, dan berani untuk bisnisku. Ada perbedaan yang sangat besar.

Jadi, seperti apa pergeseran ini terdengar? Berikut adalah tiga contohnya.

Aman: *"Tuhan, bantu aku membayar gaji bulan ini."*
Berani: *"Tuhan, lepaskan malaikat-malaikat pelayanan-Mu untuk membawakanku $100,000 yang Engkau tahu aku butuhkan untuk membayar gaji dan menabur kembali ke dalam bisnis ini untuk pertumbuhan baru dalam nama Yesus!"*

Aman: *"Tuhan, tunjukkan kepada kami bagaimana meningkatkan penjualan kami sebesar 20% tahun ini."*
Berani: *"Tuhan, berkati aku dengan peningkatan dua kali*

lipat (atau lima kali lipat atau sepuluh kali lipat) dalam bisnis kami dalam nama Yesus!"

Aman: *"Tuhan, bantu karyawanku, Tony, memperbaiki pernikahannya."*
Berani: *"Tuhan, aku berterima kasih kepada-Mu karena secara supranatural menjamah hati Tony dan istrinya untuk menyembuhkan pernikahan mereka dengan kuat dan permanen dalam nama Yesus!"*

Sekarang, kembali dan baca hanya doa-doa yang berani itu dan kemudian tanyakan pada diri Anda sendiri:

- Doa-doa mana yang lebih Anda ingin doakan untuk bisnis Anda?

- Doa seperti apa yang ingin Anda minta agar karyawan panjatkan untuk bisnis Anda?

- Doa-doa mana yang menurut Anda lebih mungkin dihormati oleh Tuhan?

Berikut adalah tiga hal yang perlu Anda lakukan untuk berdoa dengan lebih berani: meminta, percaya, dan mengharapkan.

1: MEMINTA

Yabes berseru kepada Allah Israel, katanya: "Kiranya Engkau memberkati aku dengan limpahnya dan memperluas daerahku, dan kiranya tangan-Mu menyertai aku, dan melindungi aku dari malapetaka, sehingga kesakitan tidak menimpa aku!" Dan Allah mengabulkan permintaannya.

—1 Tawarikh 4:10

Berkat. Wilayah. Kuasa. Perlindungan.

Inilah empat area yang diminta oleh orang benar, Yabes, kepada Tuhan. Bagi terlalu banyak orang, doa ini tampak egois. Bagi 2% (pelaku bisnis yang dipimpin oleh Roh), ini seharusnya menjadi model untuk doa-doa bisnis kita yang lebih berani.

Dalam buku terlarisnya, *The Prayer of Jabez*, Bruce Wilkinson menulis:

> Jika Anda menjalankan bisnis sesuai dengan kehendak Tuhan, bukan hanya boleh meminta lebih—Dia justru menantikan Anda untuk melakukannya. Bisnis yang Anda kelola adalah tanggung jawab yang dipercayakan Tuhan. Dia ingin Anda melihatnya sebagai peluang berharga untuk menjangkau individu, komunitas bisnis, dan dunia demi kemuliaan-Nya. Memohon kepada-Nya agar memperluas kesempatan tersebut akan membawa sukacita bagi-Nya. [5]

Bayangkan—Tuhan sedang menunggu Anda untuk meminta lebih kepada-Nya!

Pernahkah Anda menunggu anak Anda meminta untuk diajak ke taman, diajari menendang bola, mengendarai sepeda, motor, atau mobil, bahkan meminta saran tentang cara melamar kekasihnya?

Sering kali, reaksi kita adalah, "Akhirnya!" Sejak awal, Anda memang ingin memberikan apa yang mereka butuhkan, tetapi Anda juga tahu bahwa yang terbaik adalah menunggu hingga mereka memintanya.

Begitu pula dengan Tuhan. Seperti yang dikatakan Dr. Wilkinson, "Bisnis Anda adalah wilayah yang Tuhan percayakan kepada Anda." Karena itu, Dia siap dan bersedia memberkati usaha Anda dengan luar biasa.

Tuhan menunggu Anda untuk meminta—dan meminta dengan keberanian. Jadi, mintalah dengan keyakinan!

2: MENGHARAPKAN

Dan Allah mengabulkan permintaannya.

—1 Tawarikh 4:10b

Apakah Anda memperhatikan itu? Bagaimana Tuhan menjawab permintaan Yabes? Saya melewatkan ayat ini selama bertahun-tahun. Sekarang, saya sering mengingatkan diri sendiri bahwa beginilah cara Tuhan merespons doa-doa yang benar dan berani tentang pertumbuhan dalam hidup dan bisnis saya.

Sebagai bagian dari 2%, kita cenderung fokus pada keberanian luar biasa Yabes—memohon langsung kepada Tuhan untuk perluasan bisnis, wilayah yang lebih luas, perlindungan lebih kuat, dan pembebasan dari ancaman musuh. Namun, kita sering melewatkan makna dari jawaban Tuhan.

Tuhan mengabulkan apa yang diminta Yabes! Dalam kata-kata saya sendiri, Tuhan menjawab, "Tentu... ini peningkatan untukmu. Aku senang akhirnya kamu meminta kepada-Ku!"

Yesus dan Yakobus mengajarkan hal yang sama kepada kita:

Mintalah, maka akan diberikan kepadamu; carilah, maka kamu akan mendapat; ketuklah, maka pintu akan dibukakan bagimu. Karena setiap orang yang meminta, menerima; dan setiap orang yang mencari, mendapat; dan setiap orang yang mengetuk, baginya pintu akan dibukakan. (Matius 7:7–8)

Kamu tidak memperoleh apa-apa, karena kamu tidak berdoa. (Yakobus 4:2b)

Saya akan mengajarkan lebih banyak tentang hal ini dalam buku dan video pengajaran yang akan datang. Untuk saat ini, cukup pahami bahwa Yabes digambarkan sebagai pribadi yang terhormat dan benar. Itulah yang membuatnya layak menerima peningkatan supranatural serta kemurahan Tuhan.

Sebagai bagian dari 2%, Anda telah mewarisi kebenaran Kristus (1 Korintus 1:30). Di hadapan Tuhan, Anda sama benarnya dengan Yabes. Karena itu, Anda bisa mengharapkan jawaban supranatural atas doa-doa berani yang Anda panjatkan bagi bisnis Anda.

Tidak cukup hanya meminta. Anda juga harus percaya dan mengharapkannya!

3: PERCAYA

Bergembiralah juga di dalam TUHAN, dan Ia akan memberikan kepadamu apa yang diinginkan hatimu. Serahkanlah jalanmu kepada TUHAN, percayalah juga kepada-Nya, dan Ia akan melakukannya.

—Mazmur 37:4–5

Anda harus berani untuk meminta.

Anda harus berani untuk mengharapkan apa yang Anda doakan.

Dan yang terpenting, Anda harus berani percaya bahwa doa Anda layak untuk dijawab.

Kini saatnya bagi kita, 2%, untuk meyakini bahwa inilah momen kita untuk membawa perubahan di dunia bisnis bagi Yesus.

Saatnya memperluas batas!

Saatnya menyaksikan pertumbuhan supranatural!

Saatnya menaikkan doa-doa kita ke tingkat keberanian yang lebih besar!

Tetapi Yesus memandang mereka dan berkata, "Bagi manusia hal ini tidak mungkin, tetapi bagi Allah segala sesuatu mungkin." (Matius 19:26)

Sudah waktunya.

SATU PERINGATAN

Satu-satunya waktu doaku tidak pernah dijawab adalah di lapangan golf.

—Billy Graham

Saya sangat menikmati bermain, begitu juga dengan penginjil Billy Graham. Jadi, sebagai bentuk kesenangan, izinkan saya membantu para pegolf di seluruh dunia dengan doa permainan golf yang berani ini:

Tuhan, kiranya semua pukulanku mendarat di fairway, semua pukulan putt pertamaku langsung masuk ke dalam lubang, dan semua pukulan nyasar berjalan di atas air secara supranatural seperti Yesus! Amin!

RENCANA *TINDAKAN DOA BERANI*

Tuliskan tiga area di mana Anda merasa Roh Kudus mendorong untuk berdoa lebih berani bagi bisnis Anda. Catat doa yang selama ini terasa aman. Kemudian, setelah meluangkan waktu bersama Roh Kudus, tuliskan apa yang Dia ingin Anda doakan.

Fokus #1: _____

Aman:

Berani:

Fokus #2: _____

Aman:

Berani:

Fokus #3: _____

Aman:

Berani:

Halaman ini hanya diperuntukkan untuk sesama pemain golf saya!

Fokus Golf: _____

Aman:

Berani:

DISKUSI KELOMPOK

Bagikan keputusan "Latihan" Anda. Apa yang Anda pelajari? Di mana lagi Anda bisa berlatih minggu ini?

Bagikan keputusan "Periksa Sebelum Bertindak" Anda. Apa yang Anda pelajari?

Diskusikan rencana tindakan "Cari Saksi" Anda. Apa tantangan Anda? Bagaimana orang lain merespons? Apa yang mengejutkan atau menyenangkan Anda tentang mencari saksi?

Bagikan situasi bisnis baru-baru ini di mana Anda mungkin telah memadamkan Roh Kudus. Apakah Anda menyadarinya saat itu? Bagaimana Anda akan mengetahuinya di masa depan?

Diskusikan salah satu rencana tindakan "Jangan Tergoyahkan" Anda. Mengapa ini bisa sangat sulit bagi para pebisnis?

Apa 2–3 doa berani yang sekarang Anda doakan untuk bisnis? Apa yang Anda rasakan saat mendoakannya? Apa keraguan yang mungkin Anda miliki saat mendoakannya, dan bagaimana Anda bisa mengatasinya?

[1] Kyle Winkler, *Silence Satan: Shutting Down the Enemy's Attacks, Threats, Lies, and Accusations* (Lake Mary, FL: Passio, 2014), 161.

[2] Ibid., 162.

[3] Ibid., 163.

[4] Ibid., 165.

[5] Dr. Bruce H. Wilkinson, *The Prayer of Jabez: Breaking Through to the Blessed Life* (Sisters, OR: Multnomah Publishers, 2000), 31–32.

6

TERUS LANJUTKAN

Dan janganlah kita jemu-jemu berbuat baik, karena pada waktu yang tepat kita akan menuai, jika kita tidak menjadi lemah.

—Galatia 6:9

MEMULAI SESUATU ITU MUDAH. UNTUK TERUS menjalankannya... Itulah bagian yang sulit.

Bab ini menawarkan lima area untuk membantu Anda menjaga momentum saat Anda mulai melepaskan keuntungan Anda yang tidak adil dalam bisnis.

6.1. INGAT MANFAATNYA

Manfaat (n): hasil atau efek yang baik atau membantu; tindakan kebaikan; sesuatu yang meningkatkan kesejahteraan

Beberapa tahun lalu, saya didiagnosis dengan tendinosis bahu kanan, osteoartritis sendi akromioklavikular, dan efusi sendi kecil. Singkatnya, bahu kanan saya terasa sangat nyeri! Rasa sakitnya begitu hebat hingga saya tidak bisa meraih saputangan di saku belakang celana. Saat malam, ketika mencoba tidur, rasanya seperti ada paku menancap di lengan atas. Saya bahkan tidak bisa mengangkat tangan kanan melewati bahu.

Saat ahli bedah ortopedi di Klinik Andrews, Gulf Breeze, Florida, menyarankan saya menjalani rehabilitasi dan latihan, saya langsung yakin akan manfaatnya. Rasa sakit yang saya alami begitu parah, sehingga apa pun terasa lebih baik daripada terus menderita.

Saya menjalani dua minggu terapi fisik ringan tanpa kesulitan, lalu memulai latihan kekuatan di rumah dengan pengawasan John Saxon, mantan pelatih sepak bola perguruan tinggi sekaligus teman dekat. Hasilnya terlihat cepat dan signifikan—kekuatan tubuh bagian atas saya meningkat, sementara rasa sakit berkurang drastis.

Saat saya terbiasa dengan rutinitas pagi lima hari dalam seminggu, manfaatnya semakin nyata. Untuk pertama kalinya, saya melihat otot berkembang di bisep dan trisep. Sebagai seseorang yang selalu bertubuh kurus, kini di usia lebih dari 60 tahun, saya akhirnya memiliki sedikit massa otot yang nyata.

Mengingat manfaat latihan? Itu mudah. Cukup lihat catatan mingguan saya yang berisi target, pencapaian, dan perkembangan latihan. Buku itu penuh dengan bukti kemajuan saya. Lebih dari itu, kini saya merasa lebih kuat, berenergi, fokus, dan percaya diri. Dengan menyadari serta merasakan manfaatnya, saya terus maju dan berkembang.

Hal yang sama berlaku untuk melepaskan keuntungan kompetitif Anda yang tidak adil.

SANGAT MUDAH UNTUK LUPA

Bapa-bapa kami di Mesir tidak mengerti perbuatan-perbuatan-Mu yang ajaib; mereka tidak ingat kepada kasih setia-Mu yang berlimpah-limpah.

—Mazmur 106:7

Lebih mudah mengingat kesulitan dalam bisnis daripada menghargai hal-hal baik yang terjadi. Aktivitas sehari-hari sering kali dipenuhi kebiasaan, rutinitas, dan tantangan tanpa akhir, ditambah frustrasi yang membuat kita hanya terpaku pada masalah saat ini.

Secara alami, kita cenderung lebih mengingat kegagalan dan perjuangan daripada kemenangan dan keberhasilan. Pernahkah Anda bertanya-tanya siapa yang membawa kenangan kegagalan ini? Bukan Roh Kudus ... itu sudah pasti!

Musuh utama kita dalam bisnis adalah Iblis, penguasa dunia ini (Efesus 2:2) yang sangat ingin membunuh, mencuri, dan menghancurkan segala sesuatu yang baik (Yohanes 10:10), bahkan dalam bisnis Anda. Dia terutama menargetkan para profesional yang dipenuhi Roh Kudus dan memiliki kuasa supranatural seperti Anda. Tidak heran kita begitu mudah melupakan saat-saat diberkati ketika Roh Kudus bergerak di dalam dan melalui bisnis kita.

Saya juga bergumul dengan ini seperti Anda. Saya telah belajar bahwa saya harus melakukan usaha yang terfokus untuk berhenti, merenung, dan mengingat banyak cara ilahi, baik, dan kudus di mana Tuhan telah membimbing saya dalam bisnis melalui Roh Kudus.

Cepat ... tuliskan satu momen di mana Roh Kudus berdampak pada bisnis atau karier Anda:

10 tahun yang lalu?

5 tahun yang lalu?

Tahun lalu?

Tahun ini?

Minggu lalu?

Kemarin?

Ini Lebih Sulit Dilakukan Daripada Seharusnya. Mengapa? Kita begitu sering mengingat perjuangan daripada kemenangan. Meskipun Roh Kudus memberi kita pikiran yang sehat (2 Tim. 1:7), tetap saja terlalu mudah untuk melupakan betapa seringnya Tuhan—melalui Roh-Nya—telah membimbing, melindungi, dan memberkati kita dalam pekerjaan kita.

Berikut adalah cara sederhana namun kuat untuk menjaga momentum baru yang dipimpin Roh tetap berjalan.

DAFTAR SEPULUH MANFAAT TERATASMU

> *Tetapi semuanya ini Kukatakan kepadamu, supaya apabila datang saatnya, kamu ingat, bahwa Aku telah mengatakannya kepadamu.*

—Yohanes 16:4

Ambillah istirahat 10 menit. Mintalah Roh Kudus membantu Anda mencatat 10 manfaat melepaskan Dia dalam bisnis Anda.

Daftar Anda mungkin berbeda dari orang lain. Roh Kudus akan membimbing Anda sesuai dengan peran, perusahaan, dan lingkungan unik tempat Anda berada, serta bakat dan talenta yang telah diberikan kepada Anda. Ini bisa mencakup ayat-ayat Alkitab, kata-kata dorongan, tindakan, hasil yang terukur, dan banyak hal lainnya.

Sepuluh Manfaat Teratas Melepaskan Roh Kudus dalam Bisnis saya Termasuk...

1.

2.

3.

4.

5.

6.

7.

8.

9.

10.

Bagus sekali. Sekarang Anda perlu mengingat daftar ini.

TANTANGAN MANFAAT 30 HARI

Aku akan mengingat pekerjaan-pekerjaan Tuhan; Pastilah aku akan mengingat keajaiban-Mu sejak dahulu.

—Mazmur 77:11

Simpan daftar ini di tempat yang mudah dijangkau selama 30 hari ke depan. Lihatlah setidaknya dua kali sehari.

Buat daftar pengingat di ponsel Anda. Tulis setiap item pada kartu catatan. Tempelkan kartu tersebut di tempat yang sering Anda lihat.

Dengan membaca dan merenungkan daftar ini, Anda mengingatkan dan memotivasi diri Anda untuk melepaskan kuasa Roh Kudus lebih cepat untuk dampak maksimal di seluruh bisnis Anda. Mengapa? Karena Dia telah melakukannya untuk Anda di masa lalu.

KUASA MANFAAT

Dan engkau harus mengingat Tuhan, Allahmu, karena Dialah yang memberi engkau kuasa untuk memperoleh kekayaan, supaya ditegakkannya perjanjian yang diikrarkannya dengan sumpah kepada nenek moyangmu, seperti sekarang ini.

—Ulangan 8:18

Tuhan memberi Anda kuasa untuk bertumbuh dalam bisnis. Daftar manfaat ini akan menjadi pengingat bahwa Roh-Nya bekerja melalui Anda untuk mengatasi tantangan dan mengubah keadaan. Ini juga akan menegaskan bahwa segala kemuliaan layak bagi-Nya.

6.2. SIMPAN CATATAN

Sebab itu, setelah aku menyelidiki semuanya dengan seksama dari asal mulanya, aku mengambil keputusan untuk membukukannya dengan teratur bagimu, Teofilus yang mulia, supaya engkau dapat mengetahui, bahwa segala sesuatu yang diajarkan kepadamu sungguh benar.

—Lukas 1:3-4

Pada bagian sebelumnya, "Ingat Manfaatnya," Anda melihat ke masa lalu untuk mengingatkan diri Anda tentang bagaimana Roh Kudus telah mempengaruhi Anda dalam bisnis di masa lalu.

"Jaga Catatan" berfokus pada masa depan. Inilah cara saya mulai menyimpan catatan tentang manfaat melepaskan Roh Kudus di seluruh bisnis saya.

SISTEM TIGA JURNAL SAYA

Sistem pencatatan saya mencakup tiga jurnal kertas berukuran 5"x8": sebuah jurnal bisnis, jurnal spiritual, dan jurnal catatan khotbah.

Jurnal bisnis saya yang berwarna cokelat memiliki area terbuka untuk mencatat hal-hal umum terkait bisnis serta bagian khusus untuk klien saya, ide buku dan blog, serta catatan dampak bisnis.

Jurnal hitam saya adalah jurnal pertumbuhan spiritual pribadi saya, di mana saya mencatat wawasan harian dari Roh Kudus, catatan studi Alkitab, dan catatan khotbah dari gereja saya.

Jurnal ketiga saya, juga berwarna hitam, didedikasikan khusus untuk mencatat catatan dari mendengarkan podcast khotbah dari pengajar Alkitab dan pendeta hebat yang saya kagumi dan pelajari. Catatan ini memberikan saya daftar segar tentang apa yang Roh Kudus ajarkan kepada saya melalui pelayanan orang lain.

Bagi saya, sistem ini berfungsi. Saat bekerja, saya selalu menyimpan jurnal bisnis cokelat saya di dekat saya. Ketika menghadiri kebaktian gereja, saya membawa jurnal spiritual pribadi saya. Saat mendengarkan podcast atau menonton khotbah di TV atau internet, saya mencatatnya dalam jurnal khotbah.

Setiap minggu, saya meninjau jurnal-jurnal ini dan menandai dengan warna kuning wahyu penting, kata-kata nubuat, wawasan, ide, serta hal-hal yang Roh Kudus dorong untuk saya ingat.

Salah satu waktu favorit saya adalah membuka jurnal-jurnal ini dan hanya membaca highlight kuningnya. Bagi saya, itulah kekuatan sebenarnya dari sistem saya. Ini adalah catatan yang teratur tentang bagaimana Roh Kudus membimbing saya dalam banyak aspek kehidupan saya. Ini juga membantu saya mengingat manfaat melanjutkan perjalanan ini.

Pada akhirnya, semua jurnal dan catatan ini membantu membangun dan mendorong saya menuju tingkat dampak Roh Kudus yang lebih tinggi melalui bisnis saya.

Catatan khotbah sering kali sesuai dengan konsep bisnis yang Tuhan pimpin untuk saya bagikan.

Wahyu yang saya peroleh dari doa dan renungan membawa roh saya ke tingkat keterhubungan dan pemahaman yang lebih dalam.

Jurnal bisnis membantu saya menyelaraskan roh saya dengan Roh-Nya dalam perjalanan yang Dia inginkan bagi saya.

Sistem tiga jurnal ini mungkin terasa berlebihan bagi Anda, tetapi bagi saya, ini sangat efektif.

INI IDE YANG BAGUS

Mengapa tidak bertanya kepada Roh Kudus sistem pencatatan seperti apa yang terbaik untuk Anda? (Kunci #1: Latihan!) Dia sudah tahu!

Apa pun itu, mulailah saja. Seiring waktu, Anda akan menyempurnakan sistem yang bekerja dengan baik untuk Anda, sistem yang berkelanjutan dan mendorong Anda untuk tetap konsisten.

Itulah intinya. Mulailah dan jangan berhenti!

Saat Anda melakukannya, Anda akan melihat kembali dan menyadari betapa sering Roh Kudus membimbing bisnis, tim, dan pelanggan Anda.

Lalu, Anda akan terus melangkah maju tanpa henti.

6.3. TIDAK SEMUA HAL SPIRITUAL BERASAL DARI TUHAN

Sebab orang-orang itu adalah rasul-rasul palsu, pekerja-pekerja curang, yang menyamar sebagai rasul-rasul Kristus. Dan tidak mengherankan! Sebab Iblis sendiri menyamar sebagai malaikat terang.

—2 Korintus 11:13–14

Roh Kudus memimpin saya untuk menyertakan catatan peringatan ini: Tidak semua hal spiritual berasal dari Tuhan.

Musuh kita adalah bapa segala dusta, dan tidak ada kebenaran di dalam dia (Yohanes 8:44–45). Ketika Anda berkomitmen untuk melepaskan kuasa Roh Kudus dalam bisnis, Setan akan melakukan segala yang dia bisa untuk menghentikan, menunda, mengecilkan hati, dan bahkan menghancurkan Anda.

Berikut tiga cara untuk menjaga musuh tetap jauh:

1. PELAJARI KEBENARAN

Di Amerika, para profesional keuangan diajarkan cara mengenali uang palsu BUKAN dengan mempelajari uang palsu, tetapi dengan secara mendalam mempelajari uang ASLI. Mengapa hanya mempelajari uang asli? Agar ketika mereka melihat sedikit saja penyimpangan dari apa yang mereka tahu sebagai kebenaran (uang asli), mereka segera dapat mengenali yang palsu (uang palsu), dan penipuannya pun selesai.

Pelajari Firman Tuhan. Semakin baik Anda mengetahui kebenaran-Nya, semakin mudah Anda membedakan kebohongan dan tipu daya musuh atas bisnis Anda.

2. JANGAN HANYA FOKUS PADA HAL-HAL SUPRANATURAL

Sangat mudah bagi kita untuk bersemangat melihat kuasa supranatural Tuhan bekerja dalam bisnis atau kehidupan kita. Memang, Roh Kudus sering kali bergerak dengan cara yang supranatural. Namun, saya ingin memperingatkan Anda untuk tidak hanya fokus pada manifestasi supranatural Roh Kudus di tempat kerja.

Bisakah Roh Kudus menyatakan diri-Nya dengan cara-cara supranatural di tempat kerja Anda? Tanda-tanda dan mukjizat? Penyembuhan? Keberpihakan finansial yang supranatural? Tentu saja bisa.

Namun, berdasarkan pengalaman saya dalam bisnis, Roh Kudus sering bekerja dengan cara yang halus di tempat kerja. Misalnya, Anda menyaksikan perubahan hati, berkurangnya ketegangan, kerja sama tim yang lebih harmonis, serta bertambahnya kasih karunia, kepedulian, dan kebaikan. Karyawan menjadi lebih bahagia, dan suasana di kantor dipenuhi lebih banyak senyuman.

Saat mempelajari kuasa Roh Kudus, mudah terfokus hanya pada hal-hal supranatural, seperti penyembuhan fisik atau pembebasan dari penindasan musuh.

Seperti yang dikatakan seorang pendeta, "Jangan mengabaikan hal-hal spiritual hanya karena mencari yang supranatural." Tetaplah membuka mata, telinga, dan hati Anda untuk gerakan-gerakan halus Roh Kudus, karena mereka jauh lebih mungkin terjadi daripada yang kita sadari.

3. APAKAH INI SELARAS?

Usahakanlah supaya engkau layak di hadapan Allah sebagai seorang pekerja yang tidak usah malu, yang berterus terang memberitakan perkataan kebenaran.

—2 Timotius 2:15

Periksalah setiap hal spiritual yang Anda rasakan terjadi di tempat kerja Anda berdasarkan Firman Tuhan dan kesaksian Roh Kudus.

Jika apa yang Anda lihat dan rasakan selaras dengan Firman dan Anda memiliki kesaksian, itu adalah Roh Kudus yang bekerja.

Jika apa yang Anda lihat dan rasakan tidak selaras dengan Firman dan Anda tidak memiliki kesaksian, itu berasal dari daging atau dari musuh.

Saat kepekaan spiritual Anda terhadap karya Roh Kudus di tempat kerja semakin berkembang, Anda akan lebih cepat mengenali perbedaan antara cara-Nya dan cara musuh.

6.4. TETAP TERBIMBING

Orang bijak akan mendengar dan menambah ilmu, dan orang
yang berpengertian akan memperoleh nasihat yang bijaksana.

—Amsal 1:5

Inilah dorongan saya yang tulus bagi Anda untuk bekerja dengan penasihat bisnis, mentor, atau kelompok perjanjian yang dipimpin oleh Roh Kudus.

Salah satu dari ketiganya sudah baik.

Bekerja dengan ketiganya sekaligus akan luar biasa!

Satu hal menyedihkan yang saya pelajari selama bertahun-tahun dalam memberi nasihat bisnis yang dipimpin Roh adalah bahwa hanya sedikit pemimpin yang benar-benar terbuka untuk dibimbing. Banyak yang terlalu yakin pada diri sendiri, terlalu sibuk, atau takut dimintai pertanggungjawaban.

Namun, mereka yang dengan rendah hati mencari bimbingan dari penasihat bisnis yang dipimpin Roh Kudus akan mengalami pertumbuhan yang lebih cepat, baik secara pribadi maupun dalam usaha mereka, dibandingkan dengan mereka yang menutup diri dari arahan.

Selama bertahun-tahun, saya telah menerima bimbingan dari berbagai profesional, pelatih, mentor, dan kelompok pertanggungjawaban yang dipimpin Roh Kudus. Mereka selalu memberi arahan, memberi semangat, dan memotivasi saya untuk menjadi duta Kristus yang lebih berani, lebih profetik, dan lebih berpengaruh di tempat kerja.

Saya mempraktikkan apa yang saya khotbahkan.

Saya berdoa agar Anda juga melakukannya.

3 Langkah Pelatihan Rumus Akuntabilitas Saya

Dan Ia berkata kepada mereka: Barangsiapa mempunyai telinga untuk mendengar, hendaklah ia mendengar!

—Markus 4:9

Saya ingin membagikan kepada Anda salah satu rumus pelatihan saya yang paling kuat dan sederhana, sesuatu yang begitu sederhana sehingga banyak profesional meremehkannya.

Namun, mereka yang menerima model 3 langkah ini telah mengalami hasil bisnis yang transformatif hanya dalam 90 hari.

Setelah kami menentukan tujuan spesifik yang diinginkan untuk 90 hari ke depan, saya menantang para pebisnis ini untuk menjawab tiga pertanyaan sederhana ini:

- Apa yang harus Anda MULAI lakukan untuk mencapai tujuan tersebut?

- Apa yang harus Anda BERHENTI lakukan untuk mencapai tujuan tersebut?

- Apa yang harus Anda LANJUTKAN lakukan untuk mencapai tujuan tersebut?

Mulai.

Berhenti.

Lanjutkan.

Kemudian peran saya sebagai penasihat beralih menjadi mitra akuntabilitas untuk memeriksa kemajuan, menyesuaikan, dan membantu membimbing mereka agar tetap mengikuti tujuan mereka hingga selesai.

Cobalah sendiri.

Di bawah ini, catat 2–3 hal yang perlu Anda mulai, hentikan, atau lanjutkan untuk melepaskan keunggulan kompetitif Anda di tempat kerja.

APA YANG HARUS SAYA MULAI LAKUKAN?

1.

2.

3.

APA YANG HARUS SAYA BERHENTI LAKUKAN?

1.

2.

3.

APA YANG HARUS SAYA LANJUTKAN UNTUK DILAKUKAN?

1.

2.

3.

Bagikan daftar Anda dengan sesama 2%. Minta orang tersebut membuat daftarnya sendiri. Kemudian, bekerja samalah sebagai mitra akuntabilitas yang saling mendorong, menyesuaikan, bertanya, merayakan keberhasilan, dan banyak lagi.

Lebih baik lagi, carilah penasihat profesional berbasis biaya yang memberikan layanan nasihat profesional yang dipimpin oleh Roh Kudus. Karena ketika Anda menginvestasikan uang Anda kepada seorang penasihat, Anda akan jauh lebih mungkin untuk menepati komitmen dan mengikuti nasihat mereka.

6.5. SEMUANYA TENTANG DAMPAK

Karena itu pergilah, jadikanlah semua bangsa murid-Ku dan baptislah mereka dalam nama Bapa dan Anak dan Roh Kudus, dan ajarlah mereka melakukan segala sesuatu yang telah Kuperintahkan kepadamu. Dan ketahuilah, Aku menyertai kamu senantiasa sampai kepada akhir zaman.

—Matius 28:19–20

Pada akhirnya, semuanya tentang memuridkan bangsa-bangsa bagi Yesus. Pekerjaan kita di bumi akan diukur dari seberapa baik kita memengaruhi planet yang jatuh ini dengan Injil.

Pada suatu hari ketika Ia makan bersama-sama dengan mereka, Ia melarang mereka meninggalkan Yerusalem, dan menyuruh mereka tinggal di situ menantikan janji Bapa, yang — demikian kata-Nya — 'telah kamu dengar dari-Ku. Sebab Yohanes membaptis dengan air, tetapi tidak lama lagi kamu akan dibaptis dengan Roh Kudus.' (Kisah Para Rasul 1:4–5)

Anda dan saya memiliki janji ini dalam hidup kita. Kini, Anda dapat mewujudkannya dengan lebih baik di tempat kerja untuk mencapai dampak tertinggi yang kita semua rindukan, yaitu mendengar...

> Baik sekali perbuatanmu itu, hai hambaku yang baik dan setia; engkau telah setia dalam perkara kecil, aku akan memberikan kepadamu tanggung jawab dalam perkara yang besar. Masuklah dan turutlah dalam kebahagiaan tuanmu. (Matius 25:21)

Saya berdoa agar buku ini telah membantu Anda mengambil satu langkah lebih jauh dalam mencapai dampak kekal Anda dengan melepaskan kuasa Roh Kudus dalam bisnis Anda.

DISKUSI KELOMPOK

Bagikan daftar Anda tentang **"Sepuluh Manfaat Terbaik"** dari melepaskan kuasa Roh Kudus dalam bisnis Anda. Manfaat apa dari daftar anggota kelompok lain yang berguna bagi Anda?

Apa rencana Anda saat ini untuk "Mencatat"? Bagaimana kelompok ini dapat membuat Anda tetap bertanggung jawab untuk menggunakannya?

Bagikan daftar "Mulai, Berhenti, Lanjutkan" Anda. Bagikan daftar Anda dengan mitra akuntabilitas dan buat jadwal/sistem akuntabilitas selama 30 hari.

Bagaimana seorang pelatih bisnis atau pelatih rohani dapat meningkatkan perjalanan Anda bersama Roh Kudus?

Bagaimana Anda akan menjaga semua yang telah Anda pelajari tetap berjalan dalam perjalanan spiritual dan profesional Anda yang baru?

JAWABAN DARI 1001 PERTANYAAN

Jawaban dari 1001 pertanyaan adalah ... DIBIMBING!

—Pastor Keith Moore

AYAT KUNCI

Inilah ayat-ayat kunci yang perlu anda baca dan hafalkan untuk membantu Anda melepaskan keunggulan kompetitif Anda dalam bisnis. Simpanlah ini dengan baik. Tanamkan kata-kata ini dalam-dalam di hati Anda.

> Semua orang, yang dipimpin Roh Allah, adalah anak Allah.
>
> —Roma 8:14

> Roh itu bersaksi bersama-sama dengan roh kita, bahwa kita adalah anak-anak Allah.
>
> —Roma 8:16

> Aku akan minta kepada Bapa, dan Ia akan memberikan kepadamu seorang Penolong yang lain, supaya Ia menyertai kamu selama-lamanya, yaitu Roh Kebenaran. Dunia tidak dapat menerima Dia, sebab dunia tidak melihat Dia dan tidak mengenal Dia. Tetapi kamu mengenal Dia, sebab Ia menyertai kamu dan akan diam di dalam kamu.
>
> —Yohanes 14:16–17

> Tetapi apabila Ia datang, yaitu Roh Kebenaran, Ia akan memimpin kamu ke dalam seluruh kebenaran; sebab Ia tidak akan berkata-kata dari diri-Nya sendiri, tetapi segala sesuatu yang didengar-Nya itulah yang akan

dikatakan-Nya dan Ia akan memberitakan kepadamu hal-hal yang akan datang.

—Yohanes 16:13

Tetapi hamba-Ku Kaleb, karena lain jiwa yang ada padanya dan ia mengikuti Aku dengan sepenuh hati, akan Kubawa ke negeri yang telah dimasukinya itu, dan keturunannya akan memilikinya.

—Bilangan 14:24

Percayalah kepada TUHAN dengan segenap hatimu, dan janganlah bersandar kepada pengertianmu sendiri. Akuilah Dia dalam segala lakumu, maka Ia akan meluruskan jalanmu.

—Amsal 3:5–6

Bersukacitalah senantiasa. Tetaplah berdoa. Mengucap syukurlah dalam segala hal, sebab itulah yang dikehendaki Allah di dalam Kristus Yesus bagi kamu. Janganlah padamkan Roh.

—1 Tesalonika 5:16–19

Tetapi aku tidak menghiraukan nyawaku sedikit pun, asal saja aku dapat mencapai garis akhir dan menyelesaikan pelayanan yang ditugaskan oleh Tuhan Yesus kepadaku untuk memberi kesaksian tentang Injil kasih karunia Allah.

—Kisah Para Rasul 20:24

Janganlah kamu mengasihi dunia dan apa yang ada di dalamnya. Jikalau orang mengasihi dunia, maka kasih akan Bapa tidak ada di dalam orang itu. Sebab semua yang ada di dalam dunia, yaitu keinginan daging, keinginan mata, dan keangkuhan hidup, bukanlah berasal dari Bapa, melainkan dari dunia.

—1 Yohanes 2:15–16

Untuk dia penjaga membuka pintu, dan domba-domba mendengar suaranya; dan ia memanggil domba-dombanya sendiri menurut namanya dan menuntun mereka keluar. Apabila semua dombanya telah dibawanya keluar, ia berjalan di depan mereka dan domba-domba itu mengikuti dia, karena mereka mengenal suaranya.

—Yohanes 10:3–4

Tetapi seperti ada tertulis: 'Apa yang tidak pernah dilihat oleh mata, dan tidak pernah didengar oleh telinga, dan yang tidak pernah timbul di dalam hati manusia: Semua yang disediakan Allah untuk mereka yang mengasihi Dia.' Tetapi Allah telah menyatakannya kepada kita oleh Roh, sebab Roh menyelidiki segala sesuatu, bahkan hal-hal yang tersembunyi dalam diri Allah. Sebab siapakah di antara manusia yang tahu, apa yang terdapat di dalam diri manusia selain roh manusia itu sendiri? Demikian pula tidak ada orang yang tahu, apa yang terdapat di dalam diri Allah selain Roh Allah.

—1 Korintus 2:9–11

Kita tidak menerima roh dunia, tetapi roh yang berasal dari Allah, supaya kita tahu, apa yang dikaruniakan Allah kepada kita.

—1 Korintus 2:12

Janganlah kamu menjadi serupa dengan dunia ini, tetapi berubahlah oleh pembaharuan budimu, sehingga kamu dapat membedakan manakah kehendak Allah: apa yang baik, yang berkenan kepada Allah dan yang sempurna.

—Roma 12:2

Apapun juga yang kamu perbuat, perbuatlah dengan segenap hatimu seperti untuk Tuhan dan bukan untuk manusia. Kamu tahu bahwa dari Tuhanlah kamu akan menerima bagian yang ditentukan bagimu sebagai upah. Kristus adalah tuan dan kamu hamba-Nya.

—Kolose 3:23–24

Sebab adalah keputusan Roh Kudus dan keputusan kami, supaya kepada kamu jangan ditanggungkan lebih banyak beban daripada yang perlu ini.

—Kisah Para Rasul 15:28

Mintalah, maka akan diberikan kepadamu; carilah, maka kamu akan mendapat; ketuklah, maka pintu akan dibukakan bagimu.

—Matius 7:7

Dan janganlah kamu mendukakan Roh Kudus Allah, yang telah memeteraikan kamu menjelang hari penyelamatan.

—Efesus 4:30

Ibunya berkata kepada pelayan-pelayan itu: "Apa yang dikatakan-Nya kepadamu, buatlah itu!"

—Yohanes 2:5

Yabes berseru kepada Allah Israel, katanya: 'Kiranya Engkau memberkati aku berlimpah-limpah dan memperluas daerahku, dan kiranya tangan-Mu menyertai aku, dan melindungi aku daripada malapetaka, sehingga kesakitan tidak menimpa aku!' Dan Allah mengabulkan permintaannya itu.

—1 Tawarikh 4:10

Janganlah kita jemu-jemu berbuat baik, karena apabila sudah datang waktunya, kita akan menuai, jika kita tidak menjadi lemah.

—Galatia 6:9

SEBUAH UNDANGAN

SEKARANG SETELAH ANDA MENJALANI PERJALANAN melalui keunggulan kita yang tidak adil, Satu kebenaran yang seharusnya menggetarkan hati Anda saat ini adalah betapa Tuhan itu baik—bagaimana Dia peduli terhadap setiap aspek hidup Anda dan rindu memberkati segala yang Anda kerjakan. Apa pun bidang pengaruh yang telah Dia tetapkan untuk Anda jalani, Dia selalu ingin hadir sebagai Pelindung, Pembimbing, Pengajar, Sahabat, dan Bapa. Mengapa? Karena Dia mengasihi Anda dan memiliki rencana yang indah bagi hidup Anda.

Jadi, apa undangannya? Saya ingin mengajak Anda membangun hubungan pribadi dengan Tuhan melalui Anak-Nya, Yesus Kristus. Meskipun buku ini ditujukan bagi mereka yang sudah mengenal Yesus, mungkin Anda membacanya tanpa memiliki hubungan dengan-Nya. Anda mungkin mengetahui tentang Tuhan, tetapi belum pernah merasakan kasih-Nya atau memahami rencana-Nya bagi hidup Anda.

Segala sesuatu yang Tuhan tawarkan tersedia melalui hubungan dengan Yesus. Kita mengetahui hal ini dari Alkitab dalam Yohanes 3:16: "Karena begitu besar kasih Allah akan dunia ini, sehingga Ia telah mengaruniakan Anak-Nya yang tunggal, supaya setiap orang yang percaya kepada-Nya tidak binasa, melainkan beroleh hidup yang kekal."

Rencana Tuhan adalah agar Anda mengalami hidup-Nya yang berkelimpahan. Yesus menjelaskannya ketika Dia berkata kepada para pengikut-Nya, "Aku datang, supaya mereka mempunyai hidup, dan mempunyainya dalam segala kelimpahan" (Yohanes 10:10).

Anda mungkin berpikir, *"Tapi aku tidak mengalami apa pun yang terlihat seperti hidup berkelimpahan... setidaknya tidak di dalam diriku."* Itu karena *"semua orang telah berbuat dosa dan kehilangan kemuliaan Allah"* (Roma 3:23). Kita diciptakan untuk memiliki hubungan dengan Tuhan, untuk mengenal hidup dan kasih-Nya, tetapi pengampunan yang tertunda, kepahitan, pemberontakan, atau ketidakpedulian kita adalah apa yang disebut Tuhan sebagai dosa, dan hal itu memisahkan kita dari-Nya seperti halnya memisahkan kita dari orang lain dalam hidup kita.

Alkitab mengatakan bahwa dosa kita layak menerima hukuman mati, tetapi Kabar Baiknya adalah Yesus membayar hukuman itu untuk kita—untuk Anda! *"Akan tetapi, Allah menunjukkan kasih-Nya kepada kita, oleh karena Kristus telah mati untuk kita, ketika kita masih berdosa"* (Roma 5:8).

Alkitab menyatakan bahwa Yesus mati di kayu salib Romawi, dikuburkan dalam sebuah makam, dan kemudian dibangkitkan pada hari ketiga. Ketika Dia melakukan itu, Dia tidak hanya membayar dosa kita, tetapi juga mengalahkan maut. Inilah sebabnya mengapa Dia dapat berkata kepada para pengikut-Nya, *"Akulah jalan dan kebenaran dan hidup. Tidak ada seorang pun yang datang kepada Bapa, kalau tidak melalui Aku"* (Yohanes 14:6).

Lebih dari segalanya, seperti seorang ayah yang baik menikmati kedekatan dengan anak-anaknya, Bapa surgawi Anda sangat merindukan hubungan yang intim dengan Anda. Jika Anda belum pernah merasakan kasih Tuhan, Anda dapat merasakannya sekarang juga!

Jika Anda percaya kepada Yesus Kristus, bahwa Dia mati dan dibangkitkan untuk menyelamatkan Anda dari dosa, Anda akan diselamatkan. Faktanya, Yesus berkata Anda akan *"lahir kembali,"* yang berarti Anda dilahirkan dalam keluarga baru sebagai anak Tuhan. Yohanes 1:12 mengatakan, *"Tetapi semua orang yang menerima-Nya diberi-Nya kuasa supaya menjadi anak-anak Allah, yaitu mereka yang percaya dalam nama-Nya."*

Jika Anda ingin menerima kehidupan Yesus di dalam hati Anda dan dilahirkan kembali sebagai anak Tuhan, itu sangatlah sederhana. Tuhan tahu di mana Anda berada, dan Dia lebih peduli dengan hati Anda daripada kata-kata Anda. Anda dapat memanggil-Nya dengan kata-kata Anda sendiri, dan Dia mendengar Anda.

Jika Anda memerlukan bantuan, berikut adalah doa sederhana untuk membimbing Anda:

Yesus, aku membutuhkan-Mu. Aku percaya Engkau mati di kayu salib untuk dosa-dosaku. Aku membuka hatiku dan menerima-Mu sebagai Juruselamat dan Tuhan-ku. Terima kasih karena telah mengampuni dosa-dosaku dan memberiku hidup yang kekal. Aku menyerahkan kendali hidupku kepada-Mu. Datanglah dan duduklah di tahta hatiku dan lakukan apa yang Engkau kehendaki dalam hidupku. Bentuklah aku menjadi orang seperti yang Engkau inginkan.

Jika Anda telah percaya kepada Yesus Kristus dan mengundang-Nya untuk menjadi Juruselamat dan Tuhan dalam hidup Anda, maka Anda telah melangkah ke dalam hubungan yang baru dan penuh sukacita dengan Tuhan! Kami ingin bersukacita bersama Anda. Silakan kirim email kepada kami di *hello@DrJimHarris.com* agar kami dapat merayakan hidup baru Anda bersama-sama!

—**Ben Watts**, pendeta dan pengajar apostolik

TENTANG DR. JIM HARRIS

D R. JIM MELAYANI SEBAGAI PENGAJAR, PEMANDU acara tv, dan penasihat yang dipimpin oleh roh kudus bagi para pemimpin bisnis, pemerintah, dan pelayanan di seluruh dunia.

Sebelum menulis *Keunggulan Kita Yang Tidak Adil*, Dr. Jim telah memberikan nasihat kepada banyak perusahaan terbaik di dunia, termasuk Walmart, IBM, Best Buy, State Farm (AS dan Kanada), Johnson & Johnson, Ford Motors, Outokumpu Oy (Finlandia), Nature's Way Foods (Inggris), dan puluhan perusahaan lainnya.

Saat ini, Dr. Jim membawakan *The Unfair Advantage Show*, di mana melalui studi kasus, wawancara, dan pengajaran yang mendalam, Anda dapat belajar bagaimana melepaskan kekuatan penuh Roh Kudus dalam bisnis Anda. Tonton atau dengarkan acaranya di JCCEOS.TV, saluran media miliknya, atau di platform podcast utama mana pun.

Hasrat utama Dr. Jim adalah mengajar para pemimpin bisnis bagaimana mengintegrasikan wahyu Kerajaan Tuhan ke dalam perusahaan mereka untuk menerima peningkatan 30-, 60-, bahkan hingga 100-kali lipat dalam bisnis mereka, semua diarahkan untuk mendanai panen jiwa di akhir zaman bagi Yesus.

Hubungi dan ikuti Dr. Jim:

- E-mail: Hello@DrJimHarris.com
- Web: www.DrJimHarris.com
- LinkedIn: www.linkedin.com/in/drjimharris
- YouTube: @drjimharris
- Twitter/X: @drjimharris

- Facebook: @drjimharris
- Instagram: @drjimharris

Untuk pembelian buku *Keunggulan Kita Yang Tidak Adil* dalam jumlah besar, silakan hubungi High Bridge Books melalui: www.HighBridgeBooks.com/contact

www.ingramcontent.com/pod-product-compliance
Lightning Source LLC
Chambersburg PA
CBHW030831090426
42737CB00009B/960